互联互通
共享共治
创新驱动
造福人类

艾朝君 ◎ 著

互联网 "Σ"
——全球信息发展路线图

网络时代即将翻开崭新的一页
在 阿凡达 的世界里
赋予每个人双重身份
"贡献者" 与 "享受者"

企业管理出版社
EMPH ENTERPRISE MANAGEMENT PUBLISHING HOUSE

图书在版编目（ＣＩＰ）数据

互联网"Σ"：全球信息发展路线图 / 艾朝君著. -- 北京：企业管理出版社，2016.11
ISBN 978-7-5164-1385-2

Ⅰ.①互… Ⅱ.①艾… Ⅲ.①信息产业—产业发展—研究—世界 Ⅳ.①F491

中国版本图书馆CIP数据核字(2016)第266729号

书　　　名	互联网"Σ"：全球信息发展路线图
作　　　者	艾朝君
责任编辑	张 羿
书　　　号	ISBN 978-7-5164-1385-2
出版发行	企业管理出版社
地　　　址	北京市海淀区紫竹院南路17号　邮编：100048
网　　　址	http://www.emph.cn
电　　　话	总编室（010）68701719　发行部（010）68414644
	编辑室（010）68701661　（010）68701891
电子邮箱	emph003@sina.cn
印　　　刷	北京睿特印刷厂大兴一分厂
经　　　销	新华书店
规　　　格	170毫米×240毫米　16开本　16.625印张　210千字
版　　　次	2016年11月第1版　2016年11月第1次印刷
定　　　价	88.00元

版权所有　翻版必究　·　印装有误　负责调换

序 PREFACE

今天我们重新定义世界互联网

在全球社会中，每个人都是互联网的使用者、受益者，同时也是互联网的创造者。正是因为用户不断提出新的需求，才促使互联网持续升级创新，最终出现了我们现在看到的互联网世界。

显然，互联网的出现促使人类进入信息化时代，只要人类想到的，都能够在互联网上找到与之相关的信息。

更重要的是，尽管互联网已经出现数十年，但其仍在飞速发展。它不仅成为人类获取信息的主要来源，还为人类的生活和工作提供了更加快速、便捷的渠道。对于企业来讲，互联网同样是必争之地。

然而，互联网并非个人财产，而是全人类共同拥有的宝库。因此，"争夺"互联网资源，不是要去"抢"，更不是要"拼"，而是要学会合理开发、利用互联网资源，使它的作用发挥到极致，成为全人类生活、工作的好帮手，进而实现真正的"地球村"。

对于"地球村"而言，连接是创造一切的基础。可问题在于，我们现在对于互联网的利用仍有些片面化，没有实现"真正互联网"。所以我们需要一个能够融合万物的理念，一个基于"万物融合共生"而建立的网络生态圈，并借此打通万物互联互通的渠道，实现全球互联网共建共享共治。

这就需要我们对全球互联网重新定义——互联网最大的价值之一体现在其信息同步共享上，只有做到互联互通、同步共享，才能够称得上真正意义的互联网。

另一方面，正如只有一个地球，全球人类也共同拥有一个互联网。我们在保护人类生态家园的同时，还要共同保护我们的精神家园，做到全人类共建，提倡"我为人人，人人为人人"，共同维护网络安全，全球共治互联网。

在此基础上，阿凡达集团（以下简称"阿凡达"）提出了"互联网Σ"全球信息发展路线图。阿凡达是一家拥有独立知识产权，专业从事全球互联网新兴技术研发、电力安全技术研发、全球矿业开采及矿产品进出口国际贸易、阿凡达电子商务、全球高新技术及产品代理销售等全方位运作的新一代智能化高新科技投资集团公司。

在阿凡达眼中，"互联网Σ"并不是一种没有理论依据的畅想，而是根据互联网发展轨迹，不断总结、升华、凝练出的新型理念，是知识社会推动下出现的互联网新业态。"互联网Σ"相比"互联网+"是一种更深层次的科技成果，对推动经济形态发展有着至关重要的作用，对带动经济发展的生命力也有着十分积极的意义。

简单来说，"互联网Σ"是传统互联网与"互联网+"等互联网相关产物所形成的空间，也可以称之为"集合"。如果说传统互联网是点与点之间的线，"互联网+"是互联网和各行业集合而形成的单个面，当所有的"线"和"面"融合后，才能够形成真正的互联网空间，也就是最终的"互联网∑"。当然，这种"∑"并不是将所有事物简单罗列在一起，而是在其中形成不可分割、千丝万缕、互联互通的关系网，让互联网与全世界深度融合，创造新的互联网空间及社会环境。

"互联网∑"的中心词是"突破"，换句话说，"突破现有技术，实现多种不可能"也是"互联网∑"出现的意义：它能够衍生出无限裂变、同步共享、大数据、永久免费等多项技术，创造从建网站到变网站、信息同步共享、大数据资源直接转换、永久免费消除时效性等多个"神话"。另外，它还能够衍生高黏度、自动推广、信息互通、自动修复、价格透明、消费分利、人人电商等多项特性，突破人性、现有技术、门户壁垒、封闭权限、利润黑洞、利益链条、创业困局等，实现免费推广、信息共享、开放网站、明白消费、支出即收入、公开公平公正等多项功能。

"互联网∑"的另一个关键词是"改变"：它能够在加速实现跨境电商模式，改变现有产业结构，肃清水军、屏蔽恶意差评，改善网络环境等多方面产生影响。其所衍生的点对点、一对一等特性，能够帮助商家实现"零成本、零囤货"，最终达到"全球互联互通 共建共享共治"的效果。也就是说，"互联网∑"能够改变传统商业结构，为我们带来一个新的时代。

以"互联网∑"为起点，互联网领域，乃至全世界、全人类，都将进入一个崭新的时代。各行业优化、新生将以更快的速度实现，"互联网∑"行动计划将对个人、组织、企业、社会、民族、国家、世界产生不可估量的影响。在这个过程中，无数的新产品、新模式会出现在人类的视野中，呈现出一个"万物互联互通，全球共建共享共治"的新生态。

总之，"互联网∑"将为中国经济带来新的发展契机，为全球各国友好合作交流提供场地，也为拉动全球经济发展催生新的动力。

综合以上而言，如果我们一定要用一种更简洁、更通俗的方式来解释

"互联网∑",即"互联网∑"是一种更具有现实意义的行动计划。那么,"互联网∑"行动计划具体又会通过哪些方式、途径、技术、平台,进而改变人们的生活世界呢?

为了让更多的人了解"真正互联网",为了让更多的人认识"互联网∑",我们倾尽心力创作了这部《互联网∑》。本书用最简单、直白的语言,将"互联网∑"这一新概念的产生原因、发展现状、影响作用等问题一一解答。

在本书中,你会发现,"互联网∑"行动计划正在缔造一个风口,或者说,"互联网∑"行动计划本身就是一个风口。它用自己强大的包容性,以及走在世界前沿的前瞻性,为全世界人们演绎无限裂变、同步共享、互联互通等网络"奇迹"。

目录 CONTENTS

第一章 阿凡达：一切为人类服务
集群智慧，人人互联网 ·················· 001
互联互通　共建共享共治 ················ 006
创新互联网模式 ······················ 010
重塑全球商业格局 ····················· 014

第二章 "互联网Σ"：融合、竞合、和合
"互联网+"的结果是"Σ" ················ 019
"互联网Σ"：全球信息发展路线图 ········· 024
"互联网Σ"：服务人类而不是某个人 ······· 027
"互联网Σ"与国际性影响力 ·············· 032

第三章 商界竞争变同步共享
无限裂变：从建网站到变网站 ············ 037
同步共享：信息同步的价值 ·············· 042
大数据：有多少基础用户就有多少资源 ····· 047
永久免费：以永久性消灭时效性 ·········· 052
未来趋势：小成做事，大成做"势" ········ 057

第四章 和合共生：突破……不可能

高黏度：突破人性、满足自我……063
自动推广：突破现有技术，免费推广……067
信息互通：突破门户壁垒，信息共享……070
自动修复：突破封闭权限，开放网站……074
价格透明：突破利润黑洞，明白消费……078
消费分利：突破利益链条，支出即收入……082
人人电商：突破创业困局，公开公平公正……087

第五章 三商合一：物商、电商、云商

"互联网Σ"与安全……093
"互联网Σ"与社交……097
"互联网Σ"与制造业……103
"互联网Σ"与服务业……107
"互联网Σ"与传媒业……112
"互联网Σ"与农业……117
"互联网Σ"与影视……122
"互联网Σ"与金融……126
"互联网Σ"与内容……131
"互联网Σ"与社区服务……136
"互联网Σ"与社区超市……140
"互联网Σ"与房地产……144

"互联网Σ"与旅游 148

"互联网Σ"与养老 152

"互联网Σ"与教育 156

"互联网Σ"与健康医疗 160

"互联网Σ"与物流快递 164

"互联网Σ"与大学生就业创业 169

"互联网Σ"与退伍军人就业创业 174

"互联网Σ"与太空 178

"互联网Σ"与未来 182

"互联网Σ"与生命工程 186

"互联网Σ"与宇宙万物 190

"互联网Σ"与创新建议 194

第六章 买全球，卖全球：最不经意的理由

终结传统外贸的瓶颈 199

直戳外贸痛点：跨境电商不是梦 204

遏制刷单，肃清"水军" 208

一次失信，丢掉整个网络世界 213

第七章 智慧城市及物联网的基础信息供给源

共享全球资源，零风险创业 217

实现O2B，绕过囤货陷阱 222

下一个互联网风口究竟是什么……………………………………228

思想，灵魂，智能，互动，未来智慧城市的方向………………233

第八章 大爱天下，链接宇宙

全球互联互通，集群智慧……………………………………………239

依托"华文"，实现全球语言互通…………………………………244

全球共建共享，知识奇点大爆炸……………………………………248

大爱天下，全球共享"互联网Σ"成果……………………………251

参考文献………………………………………………………………255

第一章
阿凡达：一切为人类服务

集群智慧，人人互联网

从人类文明出现的那一刻起，关于宇宙、地球、生物、人类自身，有着太多的未解之谜。如果硬要在宇宙、地球、生物、人类四者之间找一个共同点，阿凡达会告诉你，这个共同点叫做集群智慧。

对于人类来讲，宇宙一直是一个巨大的研究课题。人类能够看到的宇宙，不过一点皮毛，地球更是茫茫宇宙中的沧海一粟。譬如星系是如何诞生的，关于这一点，目前有两个理论：一是宇宙大爆炸释放的气体聚集，最终形成了星系；二是宇宙大爆炸释放的气体形成恒星以及行星，在引力的作用下，这些恒星和行星组合成为星系。尽管这两种理论都未能获得普遍接受，但已知的是，星系并非分散于太空中，而是彼此相关形成了一个整体，更有着"超级集群"的美誉。

以人类所在的太阳系为例，我们或许能够更加直观地看到星系集群的"智慧"。众所周知，地球是太阳系八大行星（水星、金星、地球、火星、木星、土星、天王星、海王星）之一。由于地球与太阳之间的距离十分合适，不会像水星、金星一般炙热，也不会像火星、木星、土星等星体酷冷，再加上大气层阻挡了大量的紫外线，才使得地球能够出现生命体。

这不得不说是一种集群的智慧——如果太阳系没有因为引力而"集群"，如果星系中没有太阳，如果没有太阳和其他星体的作用使地球与太阳保持合适的距离……但凡出现一丝差错，地球上都可能不会诞生人类。

从这层意义上说，集群所带来的智慧是巨大的、不容人忽视的。事实上，地球的各种生物和非生物聚集在一起，形成了稳定的生态圈，使人类和其他生物得以繁衍，这也是一种集群智慧。

即使是小小的生物个体，也会有这样的集群智慧。在自然界，许多生物个体并不存在所谓的智慧，甚至单独的个体并不能够在自然界存活，但当他们聚集在一起时，能够轻松创造一个又一个奇迹。这种现象，在病毒界、真菌界、原生生物界、植物界、动物界都十分常见。这是因为大部分生物都会选择群居，以集群的方式确保其生命，并持续繁衍。

人类是群居生物的显著代表。"众人划桨开大船""一个篱笆三个桩"等俗语，体现的也正是一种集群智慧。在未来，集群智慧能够得到更好的开发，实现"人人互联网"的境界，这是阿凡达的愿景，也是阿凡达努力奋斗的方向。

● 时代发展引发人类更大的集群智慧

在很大程度上，集群智慧来源于信息共享，以及万物协调运行。在人类社会中，最常见的集群效应就是从众，一群缺乏交流的人群，很容易被领导，只要这群人中有一个人根据目标前进，其他人即便不清楚目标是什么，甚至不知道目标的存在，也会跟随这个人前进，并逐步帮助对方实现目标。

这样的集群效应可以说是充满智慧的——毕竟一个人带领一群人走到了目的地。但这种集群效应更多的是没有智慧的——大部分人都不知道自己在做什么，也不知道自己所作所为是为了什么。

无论这种行为应当如何下定义，都无法否认其作用。通过"众人划桨"的形式，大家各自拿出自己的本领，使大家顺利"开大船"，最终一同走向成功。

而从某种意义上看，集群效应并非仅仅能够带来"三个臭皮匠，赛过诸葛亮"的效果，它更像是一种潮流，一种引发人类生活方式变革的途径。

如果我们将某一个因素单独拆开来看，可能完全是微不足道的，就像看起来微不足道的蚂蚁。可是，一旦这只"蚂蚁"进入了属于自己的系统，那么其产生的效应足以超乎我们的想象。

其实，从历史上我们能够看到这些"蚂蚁"的蛛丝轨迹。纵观数千年前的历史，秦朝末年，陈胜、吴广揭竿起义，仅短短数日，便得到了众多回应，犹如星星之火，呈现燎原之势；回顾近代世界经济发展轨迹，一个优质产品诞生后，总会引申出一连串作用相同却不同品牌的产品，从而使该产品所在的领域获得极大发展……

无论是护肤品领域，还是服饰领域，这种"因集群而燎原"的手法一而再，再而三地应用到该领域发展壮大的过程中。由此可见，人类的集群智慧不容小觑。

● 未来是"人人互联网"的天下

未来社会是什么样子？

无论时代如何进化，注定无法逃脱互联网。正如第一次工业革命中的蒸汽机、第二次工业革命中的电力技术、第三次工业革命中的信息技术、第四次工业革命中的人工智能一样，"互联网Σ"行动计划所带来的集群智慧，将会掀起新一轮技术革命。

在"互联网Σ"行动计划的革命浪潮推动下，阿凡达对人类发展提出这样的畅想：每个人都拥有一个属于自己的网站，从我们出生那一天起，所有相关信息都能够储存在自己的网站上。面对升学，我们无需考试，只要通过网络查找平时的学习成绩，即可根据以往的数据选择适合入读的学校；面对就业，我们无需面试，企业只要通过浏览我们的网站，即可看到我们的履历，并由此判断我们是不是他们所需要的人才；参加工作后，我们的信用记录、感悟、创意、发明等，均能通过个人网站与全人类共享；一直到我们去世后，这个网站还可以将我们一生的经验与智慧传承给子孙后代，甚至千年以后的人们，也能够通过这个网站去查看先人某日某时、处于某地的想法与感受。

如果说这样的畅想太过空泛，让人摸不着头脑，无法感同身受，那么我们可以从细节方面去想象未来全球人类实现"互联网Σ"行动计划的生活环境：当每个人都拥有自己的网站时，能给自己提供关于衣食住行等所有生活方面的便利信息。比如消费问题，我们所有的消费都可以在自己的网站上实现，得到的产品直接来自正规生产企业，产品价格和质量均能得到保障，而且还可以得到企业送出的福利；企业无需建立销售系统，只要根据自己网站上的销售量进行生产，确保及时满足市场需求。

通过这样的集群效应，构建"消费者所需要的产品能够直接从厂家获取，企业所生产的产品能够直接被消费者订购"的模式，可促使社会关系简单化——在销售环节中，除供应方和需求方外，中间只有物流快递服务商，不再需要倒买、倒卖的中间商。

这就是阿凡达多年来坚持不懈努力的方向——打造一个可将整个人类

社会的智慧与力量完全集中，人人拥有、包罗万象的网站平台。体力劳动者通过向社会制造有形的产品和提供无形的服务，从而实现自身的价值；脑力劳动者通过创意、设计、发明、创作、科研等方式，创造出人类文明成果，从而体现自身价值……

　　阿凡达的宗旨就是，通过集群智慧，实现人人互联网，使每个人价值的高低都能体现在个人网站上，为按需分配的理想社会提供客观数据，并持续传承人类文明与智慧。

互联互通　共建共享共治

新一轮科技革命正在进行。这场科技革命中，互联网信息技术作为核心，被推向了风口浪尖。因为互联网在深刻改变人们生活的同时，也承担着创新驱动发展的使命，对推动社会发展产生了不可估量的影响。

而阿凡达作为全球互联网企业的一员，自然而然地承担起了自身相应的责任——推动"互联网Σ"行动计划的发展。

对于每个人、每个企业、每个国家来说，互联网都是其发展过程中不容错过的一环。而我国自党的十八大以来，也不断有关于互联网方面的新观点和新要求被提出，并在逐渐融入到人们的生活和工作中。

"没有网络安全就没有国家安全，没有信息化就没有现代化""互联网这块'新疆域'不是'法外之地'""互联网发展迫切需要国际社会认真应对、谋求共治、实现共赢""让互联网发展成果惠及13亿中国人民""总体布局，统筹各方，创新发展，努力把我国建设成为网络强国"……这些话早已融入国家领导人的重要讲话中，并深入到了每个人的心中。

"互联互通 共建共享共治"已经成为新时代的主流。

● "互联互通　共建共享共治"成为时代主流

无数的事实证明，数年前著名未来学家托夫勒所说的那句"谁掌握了信息、控制了网络，谁就将拥有整个世界"，已经逐渐成为事实。如今，全球正向着信息化不断迈进，然而在互联网引领经济发展、生活便利的同时，一些问题仍然避无可避。

作为人类文明史上的重要成果之一，互联网无疑已经成为一把双刃剑。如果得到妥善利用，互联网就是人类宝库中无尽的财宝；如果无法得到妥善利用，互联网便如同潘多拉的魔盒，会带来无尽的伤害和灾难。

不可否认，在深刻改变人们生活方式、促进社会进步、加速"地球村"形成等方面，互联网的确做出了巨大贡献，但是我们同样无法忽视互联网世界带来的隐患。尤其是近几年来，互联网在全球范围内飞速发展的同时，诸如网络攻击、网络窃听、信息流传等恶性事件也层出不穷，因此引起了国际上的争议。对全球的普通网民来说，这些恶性事件也引起了不小的恐慌，甚至使普通网民从互联网的使用者，变成了"受害者"。更重要的是，此类事件持续发酵，并没有得到妥善解决。除安全、隐私等问题之外，发展不均衡、资源分配不均、技术风险等等，都给互联网蒙上了一层神秘而让人不知所措的面纱。

在全球范围内，不同的国情、不同的历史文化背景、不同的互联网发展程度等种种因素，使网络空间在各个方面几乎完全受发达国家的影响，尤其是在其"信息霸权"形势下，出现了"信息富国"以及"信息穷国"的分化。

加强各国之间网络沟通、深化网络合作，共同建立一个紧密、务实、高效等各方面功能更加突出的网络空间，已经成为全球各国必须提上日程的事情。因此，面对互联网我们要懂得兴利除弊。换句话说，我们要改进、完善全球互联网治理体系。

其实，作为互联网大国，我国一直在呼吁全球力量"共建网络空间命运共同体""共同构建和平、安全、开放、合作的网络空间，建立多边、民主、透明的国际互联网治理体系"。无论是国家领导人，还是知名企业家，都对此事十分关注与期待。

2015年12月17日，人民日报一篇名为《实现互联互通 推动共享共治》的文章指出："12月16日，国家主席习近平出席第二届世界互联网大会并发表主旨演讲。习主席的演讲引起与会嘉宾的强烈反响。

"习近平主席提出建设网络空间命运共同体的5点主张。阿里巴巴集团董事局主席马云认为，这是第一次系统全面地阐述互联网发展和互联网治理，互联网业界高度关注。'我认为，网络空间命运共同体的提法说出了我们的心声。互联网就像乌镇的水，一是无所不达、互联互通；二是清澈透明；三是需要共同治理。习主席的演讲对全球互联网发展的影响将非常大，这是未来互联网治理的关键。'马云说。"

无论是国家层面，还是企业层面，乃至个人层面，都已经深刻认识到全球需要构建一个"互联互通 共建共享共治"的网络空间。

● 互联网世界的未来

世界各国已经逐步形成"携手共建网络空间"的共识，产生共识后就会有合作，势必产生行动。

中国一直在寻找和探索能够在全球范围内促进互联网健康发展的治理体系，并致力于构建关于互联网运用、管理的基本准则。拥有高度全球化特征的互联网，不应该成为各国之间互相伤害的"利器"，而是维护世界和平、保障各国利益的工具。

国际社会应当携手共进，在相互信任的基础上，加强各国之间的合作，尊重其他国家的网络主权，共同治理网络空间，监督网络空间安全。

那么，实现"互联互通 共建共享共治"需要我们付出哪些努力呢？通过互联网发展的脉络来看，实现这一目标的当务之急是搭建"两大平台"：一是搭建互联互通平台，互联互通的基础是信息共享。只有做到信息共享、即时沟通，才能够增进世界各国之间的了解，进而促进双方产生信任，使之务实合作，打造更为紧密的命运共同体。由此看来，建设互联网信息平台迫在眉睫，世界各国通过互联网及相关领域技术，展开合作与相互支持，将先进资源和技术拿出来，以实现全球资源共享，培养更多相关领域优秀人才的愿景。二是构建共建共享共治平台。网络安全并非个人或某个企业所面临的问题，而是全球性问题，全球范围内构建网络空间命运共同体的根本目的，事实上也是为了防止网络空间的各种违法犯罪行为。

因此，国际上要充分利用现有优质资源和先进技术，为搭建各种相关平台而努力，通过平台的作用，深化政治、经贸、文化等方面的往来，针对跨境经济合作、打击犯罪等一系列事件积极应对，推动国际上的合作纵向发展。

基于以上原因，阿凡达致力于通过提供高品质的免费网站建设与服务，为全球所有网民、网商解决个人网站和企业门户、商业交易平台建设中遇到的各种问题。

阿凡达不仅提倡"真正互联网"概念，更致力于向大众提供相关服务。阿凡达的理论体系认为，我们所面临的互联网不能称之为"真正互联网"，它只是单个网站的简单汇聚，并没有凸显互联网"互联互通"的特性，更谈不上全球共建共享共治。为此，阿凡达通过裂变技术，打破时间长、空间小、成本高等壁垒，为人们带来了崭新的互联网世界，并可瞬间为全球约 70 亿人免费提供个人门户网站和商城（含独立商城、个人官网、企业门户、微博网站、空间网站、朋友圈等网络产品），从而实现互联网"互联互通 共建共享共治"。

毕竟，在互联网世界中，唯有互联互通，才能够实现共建共享共治，从而进一步实现国际上的合作共赢。

创新互联网模式

每一个领域都有自己的标准和模式，互联网同样如此。

然而，任何事物的发展模式又都会随着时代的发展而改变。如同人类的居住地从山洞到木屋、石屋，再到砖木结构的平房，进而到如今钢筋水泥结构的楼房的变化一样，互联网模式也在不断发生改变。现如今，阿凡达正在引领一场互联网模式变革的浪潮。

从"鼠标横行"的"点击时代"，到智能手机统领的"触摸时代"，人们接触互联网的方式逐步变化，也意味着互联网正在不断更新迭代。如工业革命一般，互联网的每一次变革，都能够引起社会的颠覆性变化，对人类世界格局及思维模式也造成了巨大冲击。

此前，人们对互联网的运用方式可谓千篇一律，即将互联网作为信息的载体，通过互联网获取和传递信息，实现"秀才不出门，可知天下事"的愿景。而近几年，由于大数据、云计算等新技术的出现和普及，互联网迎来了一次崭新的革命，这场革命最终落脚于"互联网+"上。"互联网+"以其独特的优势，掀起了一股传统行业改革的浪潮，并将这股浪潮推向了国家层面。

在这股浪潮中，互联网"加上"或"被加上"了许多传统行业，这不仅影响了行业格局，也改变了人们的生活与工作方式。

时代的发展过程中，任何事物都不会一成不变发展下去，"互联网+"也无法逃脱历史发展轨迹，势必会遭受被时代所淘汰的命运。在"互联网+"如火如荼发展了数年后，其弊端日益凸显，"经久不衰"之势逐渐降低，尽管很多人还没有意识到，但一场关于互联网的新变革已经悄然而至。在这场新变革中，提出"互联网Σ"概念的阿凡达，势必成为最耀眼的一环。

● 新型互联网模式在经济模式方面的创新

每一场互联网变革必然会对传统的互联网模式产生影响，并促使其发生改变。互联网模式的改变，将对人们的固有生活方式产生巨大的冲击。

为了使人类生活更加美好，优化互联网产业结构，摒弃互联网目前存在的弊端，为全世界提供一个更加高效、开放、安全的互联网平台，阿凡达一直致力于互联网模式的改革，并提出了新型的互联网模式。

对于经济形式来说，阿凡达的新型互联网模式能够带来更加立体化的共享经济，而且这种共享经济的效应将蔓延至全球。共享经济离不开互联网的支撑，尤其是云计算、大数据等相关技术支持，它在一定程度上降低了资源使用者及拥有者之间信息不对称的概率，使交易双方都能够获得更加舒适的交易环境。而新型的互联网模式，将加大信息传递力度，最大化减少信息不对称，甚至彻底消灭信息不对称，从而大幅度降低交易成本，使全世界的产业边界逐渐透明，进入"人人互联网"时代。

进一步讲，阿凡达的新型互联网模式能够给全球人类带来更加安全、可靠的网络环境。对于全球消费者来说，新型互联网模式不仅能够使生产者通过平台与消费者一对一交流，减少中间商差价，保障全球价格统一，确保产品来自正规厂家，还能通过平台抑制水军、减少恶意差评等影响消费者对产品认知的信息，让消费者了解更多真实的产品信息；对于全球生产者来说，新型互联网模式能够融合 B2B、B2C、C2C、O2O 等电子商务模式的优势，实现"零成本、零风险、零囤货"，并塑造一种相对公平、公正、公开的销售环境，不必担心遭到他人的恶意差评，也不必担忧他人利用水军抢生意，对传统模式产生"瓦解式"的创新。

这一新型互联网模式将在未来具有更大的发展空间。它将重新定义生产渠道、消费者购物习惯、供应链格局，为人类提供安全可靠的网络购物环境，并吸引更多人加入其中，从而带动全球经济发展，改变世界经济格局。

除此之外，对于贸易方面，新型互联网模式还能够更新建立网站的方式，通过裂变技术，在短时间内创建无数网站和网络商城，同时实现网站个体之间的互联互通以及商品交易功能。

免费同样是其一大优势。全世界所有人都能够免费申请商城，并随时获得商城，免费上传商品，实现产品的全球同步共享。

这仅仅是新型互联网模式对于商业格局创新的冰山一角，还有更多的创新领域值得我们去深度挖掘，并加以运用。

● 新型互联网模式在世界格局方面的创新

总体来看，阿凡达的新型互联网模式在应用上将加速商贸领域向制造业领域的转化；在智能化上加速人网分离向人网一体的发展；在连接上实现全球化连接，全球同步共享、互联互通；在服务上从产品批量化向个性化定制转型；在使用上从"独建自营"转化为"合作共享"。

阿凡达的新型互联网模式，将开启一个"人网一体、个人定制，数据为王、连接一切"的时代。

新型互联网模式更加深刻的意义在于，它将促使互联网进一步发展，加速全球互联网普及，缩小农村与城市、城市与城市、国家与国家之间的鸿沟，实现一对一、一对多的同步共享。同时，阿凡达的新型互联网模式还将改变人们的生活习惯，使人们更加依赖于网络，只需要通过一个网络平台便可以获得所有需要的服务或产品，使生活更加便捷。

信息传递的方式和内容也会因新型互联网模式产生改变。在新型互联网模式的冲击下，信息的共享更加深入，也更加直接。我们能够获得更多实时消息，确保信息的有效性和时效性，而且这些消息的来源也有保障，为我们生活在一个"真实"的世界提供了保障。新型互联网模式也带来了一个用户能够获得更多"主权"的时代——用户能够根据自己的兴趣爱好去选择自己想要的东西。

从更加宏观的意义来看，无论是"购物无国界"的经济发展模式，还是"信息无国界"的信息传递模式，都在一定意义上增加了各国之间经济与文化的交流，建立了各国之间的信任关系。信息的真实有效性更确保各国之间不会因为虚假信息形成误会，避免双方造成不必要的损失。对于国际社会来说，这项变革具有非常重要的现实意义。

总之，新型互联网模式伴随其发展的脚步，带来的是人们生活各个方面的颠覆性创新，如同当年的工业革命一样，值得我们期待，并共同发展，使之走向辉煌。

重塑全球商业格局

商业格局不会是一成不变的，然而商业格局的改变也不会像购物一样简单，它需要许多外力的支持。在这一次全球商业格局的变化中，阿凡达会扮演什么样的角色？

无论人类是否已经感觉到这场全球商业格局变化的气息，都无法忽视阿凡达在这场巨变中的作用。

重建的传统产业、互联网产业、互联网经济基础设施三者构成了"新实体经济"的核心。但是，根据艾瑞资讯的数据显示，许多产业连接了互联网之后还都处在风口浪尖上，并没有进入稳定发展期。这也意味着一个挑战与机遇并存的时期诞生了，个人、企业乃至民族只要能够认清形势、把握机会，及时把握未来互联网趋势，就可以后来者居上，重塑全球商业新格局。

互联网时代，一个企业的成功得力于企业管理体系和商业模式的创新。同理，对于当下许多主动"＋互联网"，和被"互联网＋"的传统行业来说，构建一个好的电商经营模式和一个好的电商平台体系是极为重要的。究其原因，即便是电商领域的龙头企业，诸如阿里巴巴、淘宝、京东等平台，都无法保证自己能够持久盈利。

所以，如何探索一种更加适合未来的商业模式，是全人类必须思考的问题。

● 未来全球商业格局的发展趋势

熟知近代史的人一定知道：第二次世界大战爆发的原因之一是发达资本主义国家产能过剩，再加上经济危机，导致有人开始意图通过战争的方法，把过剩的产品转移到殖民地市场。

但显然，这种不科学、不严谨的做法并没有取得预计的成果。

尤其是国际和平、处于正常秩序发展的环境下，全世界的人们都需要找到新的方式来转移过剩的产能。

例如"共享经济"。共享经济其实是将自己拥有的过剩资源分享给他人，以此共同获得收益。尽管其对商业模式的颠覆，可能会影响一部分从业者的利益，从而引发一些社会问题，但是我们不能忽视其对于闲置资源充分利用、确保社会有效供给、压缩市场交易成本等方面的有利影响。

人人共享可以创造出更多的财富，通过对已有资源、资金、技术、数据、经验等分享，可以使全球经济实现几何级的增长趋势。"共享"的独特优势，影响着人类的生活方式，也影响着商业格局的发展趋势。比如，中国的滴滴打车，改变了人们的出行方式。打车领域最常见的问题无非是"乘客等不到空车，空车等不到乘客"，这也是双方信息无法共享的体现。而滴滴打车的商业模式核心就体现在"共享"上——车主和乘客通过共享位置信息，使车主获得更多效益，使乘客获得更加便捷的专项服务，从而实现双赢。

在共享经济的趋势下，全世界诞生了诸多共享型企业，可以预见的未来，全球将有80%的企业将被共享经济所改变。

未来全球的商业形态是：人与物随时随地随身自由连接，但最经济、最有效的商业模式将会演变成O2B。未来的O2B不再单单是线上支付和线下消费，还会衍生出各式各样相应的新商业模式，比如：传统门店"线上传播，线下购买"的模式，服务性产品门店"线上购买，线下消费"的模式等。

互联网时代，传统的营销渠道正在消失，企业只有学会"做自己的媒体，靠自己的产品做广告"，才能够占领高地。

除了共享经济外，免费模式也是不得不说的一环。《免费：商业的未来》的作者克里斯·安德森在书中对基于核心服务完全免费的商业模式这样解释道："一是直接交叉补贴，二是第三方市场，三是免费加收费，四是纯免费。"

而对于互联网产品来说，流量决定了一切。由此可见，未来的全球商业格局，将依靠吸引消费者的注意力来实现价值，进而使价值转化为利润。因此，创业者们挖空心思想要争夺的"注意力"资源，也就是说产品吸引用户关注的特质，才是销售的前提。

如果有一种商业模式在统摄未来商业市场的同时，也可以革新传统商业市场，那么一定是免费共享模式。毕竟，这是未来最吸引人，也是最有潜力的商业模式。

● 阿凡达将引领全球商业新格局

阿凡达通过"扬长避短"创造了"O2B"商业模式，更突破了时间、空间及地域的限制，能够用最短的时间，为商家和用户提供免费的独立网站，实现全球网站产品信息同步共享及分销。

在阿凡达商城（阿凡达自主研发、运营的自动分销网络商城）平台上，消费者就是商城的拥有者，可直达所有商家通道，直接从企业购物，免去中间环节。商家仅需将产品上传到自己的商城，系统便会自动将产品同步推送到全球其他分销商城。商品一旦上传，消费者即可自行购买，让生产商与消费者突破"千年隔绝"，形成最理想的"自动分销"模式。这一模式的出现，让传统销售成为历史，最终将达到"让人人有生意可做"的理想状态。

同时，商城主人还拥有多项特权：商城的命名权掌握在商城主人手里；商城主人可以使用自己的头像或商标作为站标；商品分类目录也可以由商城主人自行决定删改；哪些商品上架商城主人自己做主。阿凡达做到了目前互联网商城中的最高黏度，通过改变商业规则重塑了新的商业格局：

1. 不需要记住多余信息，仅依靠名字便可进入商城。每个人都是进入自己的商场里购物，无形中增加了用户黏度。

2. 生产者与消费者通过阿凡达商城供货，砍掉了中间环节，使消费者得到物美价廉的商品，生产者也可以获得更多利润。

3. "订单式零库存"生产模式是很多企业的愿望，通过阿凡达商城，企业能够根据市场决定生产数量，压缩销售成本及库存，有效降低了经营风险。

4. 消费者的消费行为势必对商业发展产生良性影响，所以阿凡达完全以消费者为本，实现了消费即投资，消费即收入。

趋势是一匹烈马，追着马跑，你永远都追不上，可当我们骑在马背上，就会和马一样快。如果你的眼界还停留在老旧的全球商业格局上，那么你就会成为追着马跑的人；如果你的眼界能够看得更远、更广，就会发现，"互联网Σ"行动计划能够带来的，将是一场波及全世界的变革。

第二章
"互联网Σ"：融合、竞合、和合

"互联网+"的结果是"Σ"

未来人类社会的进步，究竟该会朝着哪个方向发展呢？

哲学家尼克·博斯特罗姆曾经在1998年这样描述人类未来的四个方向：

1. 古代人认为历史的兴衰是不断更替变换的。

2. 全世界会实现一个大融合，最后达到稳定共同发展的状态，类似于今天最富有的发达国家的生活状态。在这一方向下，未来和现在似乎很接近。

3. 毁灭性的衰落，全世界所有国家都无法幸免于难。

4. 最难想象的：快速发展，飞向更好的未来。

其实，对于未来，即使是高瞻远瞩的科学家也无法精确预测30年后宇宙万物的发展变化，只能大致预测出方向和轮廓。但关于互联网领域，阿凡达可以充满信心地说：未来，互联网的发展方向将围绕着"互联网

Σ"行动计划向着光亮那方走去。

百度CEO李彦宏曾说："未来，任何行业都将用互联网的方式再重新做一遍以实现效率的提升，这是互联网对人类社会最大的贡献。不是一项技术简单地在极客圈里产生了影响，也不是工程师的生活方式发生了改变，而是全社会的每一个人的生活都因为互联网发生了改变、因为移动互联网发生了改变。"

的确，人类社会的发展与变化已经与互联网技术息息相关。随着互联网技术的不断升级，人类社会也会历经从互联网时代到移动互联网时代，再到"互联网+"时代，最终将走向"互联网Σ"时代。

●"互联网+"的结果是"互联网Σ"

作为信息技术最大成果的互联网，犹如第一次科技革命时的蒸汽机和第二次科技革命时的电力一样，对人类的生活、生产和生产力的发展具有巨大的推动作用。

于是，2015年7月4日，国务院印发了《关于积极推进"互联网+"行动的指导意见》。这之后，"互联网+"与传统行业的结合可谓"遍地开花"。

人类的学习、生活、工作等各个方面都渗透着"互联网"要素，使人类的生活越来越深度"互联网化"。人类文明在历经了由农耕文明向工业文明的转化后，正在进入"互联网经济"时代。我们和少部分国家已经进入了"互联网经济"时代的前期发展阶段——"互联网+"时期。

什么是"互联网+"？国家统计局统计科学研究所副研究员何强，曾在《政府统计大数据应用模式："互联网+"还是"+互联网"》一文中这样写道："马化腾2015年在其全国人大议案《关于以'互联网+'为驱动，推进我国经济社会创新发展的建议》中，认为'互联网+'是指利用互联网的平台、信息通信技术把互联网和包括传统行业在内的各行各业结合起来，从而在新领域创造一种新生态。阿里巴巴集团则认为，所谓'互联网+'，就是指以互联网为主的一整套信息技术（包括移动互联网、云计算、大数据技术等）在经济、社会生活各部门的扩散应用过程。

"综合以上多种观点，不难看出，'互联网+'就是一种将互联网与传统行业有机整合的模式，其中'+'后面可以是金融、医疗、教育、交通等。"

不可否认，"互联网+"连接的是我国传统行业，目的是通过"大数据、电商"等手段促进产业升级和转型，通过互联网零售、互联网分销环节的大数据化倒逼产业转型，给企业带来全新的业务增长点或者产生新的产业形态。生产商通过对消费者个性化需求的数据的掌握，更加有针对性地生产和销售自己的产品，迅速完成产品的采购原材料、生产、销售、物流配送等一系列经营活动。

实际上，"互联网+"是向新型经济社会形态迈进的过渡阶段。如果说互联网的产生开启了"点对点"之间小范围连接的时代，那么"互联网+"则是实现了各行各业的"点对面"，而且"互联网+"发展的结果也会快速进入一个新的发展阶段，将"点对点""点对面"再次进行汇聚，让整个互联网环境步入融合、竞合、和合的新常态，即"互联网Σ"时代。

●"互联网Σ"产生的原因

从"互联网"到"互联网+"是一种质的飞跃。这种变革不仅给中国经济带来了阵阵暖意，也带来生活方式、生产方式、社会管理方式的变革。数年前，网购刚刚起步时，许多人并不看好，数年后，它的发展远远超过了大家的预期。互联网对人类社会的影响也是一样，未来的发展也一定会超过预期。那么，"互联网+"的优势有哪些？

1. 从经济学角度来看"互联网+"的影响。

"互联网+"突破了地域的限制，缩短了世界上人与人、人与物的距离，降低了生产成本；通过大数据的运用，降低了信息不对称的风险；改变了生产方式和商业模式，从供给和需求两端影响商品和服务的再生产过程；有助于树立新的改革开放思维，带动和推进改革的全面深化。

2. 技术、资金和渠道方面的影响。

"互联网+"天生具备金融基因。把"互联网+"计划有效地融合到各行各业的发展过程中去，有助于重塑企业结构和提高金融活力。面对移动支付、第三方支付、众筹、P2P 网贷等互联网金融模式，"互联网+"可以更好地提升企业服务和竞争力。也就是说，"互联网+"的出现为企业带来了更多的资金、技术、销售的渠道，为企业更好、更快发展创造了条件。

然而，无论是"互联网+"链接传统产业还是衍生出的新产业，都正处于摸索阶段，因此会面临以下诸多问题。

1. "互联网+"存在安全问题。

互联网技术本身是一把双刃剑：一方面给工作与生活带来了便捷；另一方面，信息安全也处于高度危险的状态，信息、数据、技术一旦有所疏漏，就会对网络及企业造成无法估量的损失。

2. 大数据开放程度不高。

一方面，各个国家、行业、企业之间各自为战，全部根据自己的标准和网络封闭技术系统阻挡信息的互联互通；另一方面，公共数据十分分散且不成体系，各部门间壁垒高筑，导致数据开放程度较低。数据的开放程度决定了创新程度，但数据一旦过度开放，就有可能造成安全隐患。

3.连接传统行业存在被放大的风险。

由于相关的法律法规及制度不健全，互联网连接传统行业时，尽管运营方式发展迅速，仍有一些企业铤而走险，对存在的风险没有引起足够的重视。以金融业为例，"互联网+"是一种全新的商业形态，毫无经验可言，而且由于准入门槛较低、发展水平不一，所以存在信用风险低、操控风险高的危险，加上缺乏规范的风控管理体系，时常出现卷款跑路、经营不善等现象。

4.基础设施发展滞后。

与美英等发达国家相比，我国的互联网技术还存在"数字鸿沟"，制约着互联网经济的发展。腾讯CEO马化腾称，"互联网+"像水和电一样融入各行各业，但还有需要完善的地方，例如硬件。我国网络基础设施建设能力还需提升，建议从战略角度投入更多资源，提高网络性能，改善互联网间互联互通的质量。

所有这一切有关"互联网+"的劣势，其实都指向了一个关键词"互联互通"，而想要真正实现"互联互通"，将所有的互联网资源进行融合、竞合、和合已经不是偶然，而是一种必然。在这个过程中所产生的结果，或者说所诞生的一个新事物，我们便可以称之为"互联网Σ"行动计划，它是"互联网+"的结果，也将让人们真正认识到什么是"真正互联网"。

"互联网Σ"：全球信息发展路线图

对于人类而言，既没有动物敏锐的嗅觉，也没有植物灵敏的感应能力，那么我们依靠什么，能够在最短的时间内传递信息呢？

阿凡达给出的答案是——以互联网为基础，以"互联网Σ"行动计划为导向的"真正互联网"。

信息传递是关乎人类生死存亡的大命题。早在朝鲜战争爆发之时，美国兰德情报公司之所以可以一举成名，是因为其成功预测了"中国将出兵朝鲜"后，曾试图将报告全部内容卖给美国政府，并索取数百万美元的报酬。但美国军界并没有对此事引起重视，以至于在朝鲜战场损失惨重。

除了战争，信息在我们日常生活中也是十分重要的，比如说股票行情、教育改革、贷款政策、房价的涨跌、求职就业政策等，都与我们息息相关。可以说，离开了信息，我们无法正常生活，社会将陷入停滞。所以，无论是个人还是整个社会，都要重视信息的作用。

而信息的传播经历了上古时期的口口相传，然后到结绳记事、竹简书籍，再到现代的计算机网络，不仅代表着人类文明的传承方式发生了改变，更代表着人类文明发展进程的未来趋势。

● **网络信息传播方式的更迭**

进入现代社会，各个国家之间的交流不再单纯依靠书籍、语言，无线电技术使得各国的信息得以快速传播，达到了"秀才不出门，可知天下事"的状态。

1946 年，第一台电子计算机诞生。计算机的出现，改变了人们无法完成的一些难度系数较高的科学计算的局面。

计算机真正改变人们的生活是互联网的出现。互联网除了改变了人与人的社交方式，拉近了人与人之间的距离，也改变了信息传播的方式——传输只在"一键之间"。我们无论何时何地，只要能够链接互联网，就可以从互联网获得海量的新闻、服务、娱乐、科学等各类数据和信息。

互联网的核心词从 MSN、QQ、飞信、博客等，逐渐变为视频网站、微博等。这不仅是信息技术手段的更新迭代，更是网民的信息传播方式的进化史。

这只是互联网发展的 1.0 时代，但它的发展脚步一刻没有停息。2015 年《政府工作报告》首次明确提出要制订"互联网+"行动计划。其核心就是互联网链接各种产业，也就是通过移动通信网络，将各行各业收集的大数据进行分析、存储、挖掘和智能感应，从而形成全新的产业形态。"互联网+"改变了以往信息只用于传播和交互的现状，注入了新的活力——大数据和智能感应。以前的互联网只是针对大数据的收集和存储、记录，只是记录了我们生活中去过什么地方、吃过什么东西、在哪个网站买过东西、乘坐什么交通工具、喜欢和什么人交流、什么时间上网等。现在的"互联网+"，不仅通过云计算使大数据的收集变得更容易，而且可以将这些大数据进行管理、利用，保护数据安全和个人隐私。

传统互联网的关键词是"自由、开放、共享"，"互联网+"的关键词是"方便、管理、计费、安全"。传统互联网是独立发展的互联网行业，"互联网+"则是渗透到各行各业，促进传统行业转型、升级。作为一次全新的社会信息革命，"互联网+"是通过自建系统，带动全行业智能升级。

任何事物的发展都是永无止境的，信息技术也是一样。"互联网+"并不是未来的信息传播的终极方式，"互联网Σ"将成为未来信息传播及人类文明传承的新趋势。

●"互联网Σ"对全球信息发展的影响

瓦特发明了蒸汽机，人类告别了单纯的体力劳动，转向从能源中获取动力。"互联网Σ"行动计划的提出和发展，将使信息的传播突破物理空间的限制，实现全球信息互通互联。如果说"互联网+"与传统产业结合的关键词是"内部匹配"和"局部信息共享"，那么未来"互联网Σ"与各行各业深度融合的中心词则变为"深度协同"和"信息共享"。

全过程信息共享指的是企业间的资金、数据、生产、销售等整个过程信息的共享。李彦宏曾公开表示，"百度正在转变角色定位，其中标志性的就是'三不政策'：对外投资时不再谋求控股，而要让投资伙伴保留自己的人格；不划分阵营，不再有阿里系、腾讯系等标签，都是合作伙伴；不再害怕合作伙伴'洗用户'，而是要与合作伙伴一起，把360行做大成为3600行。"

企业将跨界、跨行业进行合作的时候，真正的全过程信息共享便实现了，这也将是未来"互联网Σ"行动计划的发展大趋势。

"互联网Σ"：服务人类而不是某个人

互联网只属于马云吗？

互联网只属于阿凡达吗？

互联网只属于美国吗？

不，显然不是。

Facebook创始人马克·扎克伯格表示：互联网应惠及全人类，应该普及到全球的每一个角落，让全人类都可以享受到互联网给生活带来的改变。

ONE Campaign负责人杰米·德拉蒙德也曾表示："互联网可以为人类带来自由、公正和尊严。每个国家都应立即履行全球目标的义务，其中最重要的一步就是普及互联网。"

互联网的本质就是实现全球互联互通，整合世界资源，实现共赢。所以，互联网并非只为某一部分人服务，而是服务全人类。遗憾的是，互联网发展至今，全球范围内仍有很大一部分人（约40亿人左右）并没有获得互联网为生活和工作方面带来的便利。这一部分人或许从来没有接触过互联网，甚至其中有些人正在被互联网疏远。这种发展趋势显然与互联网的本质是背道而驰的，更是不符合时代发展环境的现象。

互联网普及已经箭在弦上，而"互联网Σ"行动计划正是推动和实现互联网服务全人类跳板的"孵化器"。因为"互联网Σ"行动计划的本质是针对全球，而不是某个人、某个组织，也不是某个民族、某个国家。

● 互联网对人类的影响

技术的发展推进人类文明进步，其源动力在于人类对品质生活的不断追求。"互联网Σ"行动计划引领的时代将成为人类信息技术的 4.0 时代，其对人类影响之大难以估量。"互联网Σ"行动计划不但会对信息传递的方式产生影响，而且还会逐渐影响着人们的生产模式、消费模式等。人类的思维以及合作共享精神也在受其影响而改变。未来，"互联网Σ"行动计划甚至有可能会衍生出颠覆人类传统生存模式的产物。

我们不禁好奇，"互联网Σ"行动计划是从哪些方面对全球人类产生影响的呢？

1. "互联网Σ"行动计划衍生出人类更加便利获取、传递信息的渠道。

电子邮件、网站论坛、网络新闻等，这些早期的互联网应用给信息的传播打开了一扇门，但同时也关上了一扇窗。基于互联网本身的方便互动特性，诸如微博、微信等信息共享平台，实现了人类表达和参与的欲望，但这些网络信息平台之间也存在着矛盾和竞争，微博做不了社交，微信只是熟人圈的产物。

"互联网Σ"行动计划能够衍生出一种新的信息传递方式，突破传统媒体"集权式、集约式、中央式"等特点，让信息的传播更加自由，使网民具有更多话语权。由于"互联网Σ"行动计划对互联网产生的是"融合、竞合、和合"等方面的影响，所以将使全球每一个人都有机会、有权力融入到互联网这个大家庭中来，而且获取信息的途径和渠道将从点到面，从面到"体"，满足各种人对信息的不同需求。

2. 通过"互联网Σ"行动计划，为人类创造更加方便的物质供需环境。

"互联网Σ"时代，信息将变得更加高效，同时也可加快网上消费的进程。网络消费发展迅猛，人们的购物渠道已经不只是传统的商场、超市，电商平台已逐步被大家所接受，直接影响着人们的消费习惯，而"互联网Σ"行动计划的出现，也对电商平台的模式造成了极大冲击。

随着全国范围的网购快速崛起，以及移动支付的快速发展，"互联网Σ"行动计划对于加快电商发展步伐做出了卓越贡献——呈爆发式增长的移动终端，不但为电商提供了新渠道，而且推进了移动互联网与物联网技术的进一步融合，为人们提供更便利的服务的同时，也催生出越来越多不同形态的消费产品。

3."互联网Σ"行动计划对制造业发展提供助力。

中国政府制定的《中国制造2025》和倡导的"互联网+"，正在拉开我国制造业转型升级的序幕。随着互联网的"触角"延伸到传统行业，网络技术正逐步颠覆传统制造业。一些发达国家倡导的"工业互联网"，还有中国一些企业的实践，都证明了未来将是一个以用户为导向的时代。

"互联网Σ"行动计划恰恰追求以用户为中心，注重对生命健康的追求。所以，"互联网Σ"行动计划将使农产品的"私人定制"模式快速发展。传统制造业将一改过去的生产流程，用大数据和云计算把机器设备的使用、产品制造、销售联系在一起，通过数据分析优化生产链，生产符合用户所需的产品。

一方面通过改变制造业的组织和生产方式，加大个性化定制的规模从而提高生产效率；另一方面催生制造业服务化、个性化的新制造模式，让机器的智能化和自动化制造装备成为生产的主力。

4.通过"互联网Σ"行动计划，可建立强大的信息圈子，让人体体征随时上传网络，使人类获得更加健康的生活环境。

健康是人类科技研究的终极课题。虽然人类不断提升生活质量，医疗技术也在不断突破中进展，但人类的生老病死仍是现阶段无法突破的现状。许多人都是生病以后才想到就医，年纪大了才关心身体。

"互联网Σ"行动计划将持续推动健康信息管理的进一步完善，传统的医疗模式会逐渐被新型医疗管理模式所代替，让"上医治未病"成为现实。

在"互联网Σ"时代，新形式的身体监测会替代传统的一年一次的体检，通过监测全天候生理指标，所有人都会在云端建立自己的生命体征指标大数据，以便健康评估。全方位的健康体系，可以使人们更深层地理解生命、疾病、健康，正确护理好自己的生命。

互联网天生便是为人类服务的，"互联网Σ"行动计划只不过是这一过程中诞生的新业态、新商态，同时也是大家努力发展的方向和结果，最终实现其更好服务于全球人类的使命。

● 全球互通，全球服务

互联网改变了人类的生活方式，提高了人类的生活质量。但要想让互联网服务于全球人类，就要实现全球网络的互联互通。

面对互联网发展新趋势，对于企业以及创业者来说，这都是一次难得的发展机遇，而且只要我们落实"互联网Σ"行动计划，就能够做到与时俱进，持续创新，并从中分得一杯羹，甚至成为某一领域的"佼佼者"。

阿凡达便是一个成功的例证，并因此成为"真正互联网"概念倡导者，向大众提供免费网站。

在为全球人类服务方面，通过阿凡达平台可以实现世界性信息融合，资源共享，突破空间、时间的限制，实现无障碍沟通，提高全人类的生活水平。

与此同时，阿凡达致力于互联网未来核心技术的开发与应用，运用独创的"裂变共享"技术，搭建全球自动分销平台，突破商家与消费者千年的隔绝，使全球"互联互通，同步共享"，将互联网的发展真正引入到了"Σ"时代；并且，阿凡达独创的"裂变共享技术"可服务不同层面、不同行业、不同网站、不同门户以及不同经历、不同期待、不同国家及不同语言的人……

在"互联网Σ"时代，阿凡达无疑走到了前面，而且通过亲身实践证明了"互联网Σ"行动计划对于推动人类文明发展的影响。

"互联网Σ"与国际性影响力

同一个地球,同一个网络。对于阿凡达来说,互联网是全人类的精神文明家园,共同维护这一片乐土,是每个人的责任和使命。

毕竟,一个安全、稳定的网络环境,对世界经济的发展具有重要的意义。"互联网Σ"概念的出现,意味着全球信息、资源的互通与整合时代即将到来,也为全球经济发展注入了新动力、新思想。

● 带动世界的引擎

"互联网Σ"行动计划融入生活中,将有效提高全球经济效率。在这个信息通信技术快速更新的时代,互联网行业发展规模越来越大、覆盖范围越来越广、增长速度越来越快。与信息、资源相比,无线传输、零成本等技术,大幅度节省了资源。

1. "互联网Σ"行动计划将覆盖全球。

各国家的个人、商家、企业、政府都有与"互联网Σ"行动计划相关的网络终端。当"互联网Σ"行动计划多维度覆盖全球后,全球的经济就进入了全球互联网时代。全球化的互联网会成为世界经济发展的现代化信息资源交流平台,让信息资源可以在全球范围即时流通,带动了全球资源的配置,形成了全新的商业模式——跨境电商,改变了全球经济的发展模式。

2. "互联网Σ"行动计划极大减少了国际交易过程中一些不必要的

环节。

"互联网Σ"行动计划将开创一个交易成本越来越低的时代，激活世界经济市场。全球互通，可以减少产品设计成本，使大量闲置库存物资重新整合分配，为市场客户间的即时沟通提供更加便捷的渠道，不需要消费者在全球各地奔走，削减了交际应酬成本，精简了公司组织结构，营造了良好的市场环境。

3."互联网Σ"行动计划依托自身开放、互动、实时等特性，可以最大限度地提升全球各国经济的竞争优势。

信息本身就是一种资源，是市场交易中最重要的因素。具有开放、互动、实时等特性的信息，通过大量的聚集或碰撞，并在此过程中产生新信息，形成递增的边际效应，最终形成全球范围的经济共享。

4."互联网Σ"行动计划让企业形态变得虚拟，让国界变得模糊。

在"互联网Σ"行动计划的影响下，全球经济的数据化和网络化迅速发展，打破了传统的交易模式，进入到媒体空间，形成了不同的虚拟经济形式，比如虚拟的市场、虚拟的调控中心、虚拟的公司等。经济市场越来越全球化，让经济活动中的国界变得模糊，也能增强经济组织全球化的发展。这不但改变了原有的贸易模式，而且也会对企业结构造成重大的影响。企业总部可以根据自身的特点迁移到不同的国家，并且也可以在世界范围寻求更多的发展机会。

● 全球一体化的推动者

就"互联网Σ"本身而言，它作为一种新业态，一种新商态，对便利人类生活、打破时空界限、加快世界经济一体化进程各个方面都有显著作用。不可忽略的是，互联网作为世界型的公共空间，要推进全球更加开放的互联网环境，就要建立新的网络空间秩序，各国之间摒弃纷争、充分协商合作、共治共赢。

"互联网Σ"行动计划对世界有着深远的影响：

1. 降低外贸交易成本，提升企业利润空间。

在传统国际贸易交易中，需要经过开拓客户、洽谈、签订合同、履行合同等复杂环节。交易过程中，要么通过双方人员往来交流，要么通过驻外办事处或通过长途电话来协调相关事宜，以上这些需要相当高昂的成本。相反，利用信息互通、同步共享以及沟通的优势，可大大节省沟通费用，简化程序，降低传统国际贸易中信息传递的高差错率，从而有效降低成本，为外贸企业带来更多的经济效益。

2. 改善外贸的经营管理模式。

"互联网Σ"行动计划可改变传统贸易原本主要以单向物流运作的格局，构建物流、信息、商业三者合为一体的全新运营模式。传统外贸企业大多都是依赖经销商或进出口公司，从而进行国与国之间的产品交易，但阿凡达通过"互联网Σ"行动计划，延伸出一套系统，可以让所有外贸企业在相应平台上建立自己的网站和交易场所。

外贸企业还可以通过阿凡达开放式的后台，建立精美的网页。同时，利用阿凡达的平台自动免费推广的特性，加大产品宣传力度；利用其信息共享特性，最大化整合资源，实现全程一站式交易。这样的改变，将打破传统效率低、成本高的营销模式，重塑国际贸易产业链，为外贸双方提供全方位、多维度的互动商贸模式。

3. 加快国际贸易的发展。

在"互联网Σ"行动计划打造的新商业环境下，外贸进程得以实现质的飞跃，销售渠道变得更加广泛，营销活动更加有效，将快速推动外贸的发展。阿凡达的信息同步共享技术可以让商业信息即时传递，有效消除了贸易时间和空间的限制：一方面，信息同步让双方的信息交流和沟通更加便捷，可以即时互动交流；另一方面，信息共享，能把信息推送给更多的客户，并且可以顺畅沟通。这些都将推进全球一体化的发展。

4. 建造安全的网络环境。

在安全技术方面，阿凡达以"互联网Σ"行动计划为基础打造的网络安全体系，为全球的网络环境发展奠定了基础。网络安全问题具有极大的威胁性，不管是网络环境还是现实世界，安全问题的日益复杂影响着世界网络的发展。

安全的最高境界是"不设防"，更重要的是，无需再花费高昂的代价去"共治"全球互联网。阿凡达通过互通归属安全系统，可为实现全球互联网安全环境保驾护航。

"互联网Σ"行动计划已经成为互联网未来发展的必然趋势。在未来，阿凡达的裂变技术会让网络遍布世界的每一个角落，让世界不再有"网络盲区"；基于"互联网Σ"行动计划，不断开发新兴事物，促使人类文明进入新的阶段，并且推动全球社会和经济的和谐发展。

第三章
商界竞争变同步共享

无限裂变：从建网站到变网站

在"互联网Σ"行动计划的不断冲击下，网站和网页等与网络相关的产物，早已成为我们生活中必不可少的一部分，甚至可以说它们已经是我们身体中的"细胞"。

然而，在十几年前，任何人都不会想到局势会发展成如今的样子。在当时，如果有人说"我有自己的网站"，或者是"我可以自己建立网站"，势必会引来不少羡慕，甚至是充满崇拜的目光。

但随着时代的进步和互联网技术的不断发展，尤其是各大CMS（全称Content Management System，意为"内容管理系统"）的出现，建立网站已经不是如同"洛阳纸贵"一样的事件了。就连一些初次接触网络的人，也能够在系统的指引下，轻松建立属于自己的网站。网站的普及化也诞生了一个新的族群——站长。

每个人都有可能拥有属于自己的网站，每个人都有可能成为"站长"。

但恰如每个人都有可能取得成功而通向成功的道路却不一样，我们获得属于自己的网站，也可以通过不同的渠道和方式。

在"互联网Σ"理念的催化下，将会打破传统的"建网站"方式，转而使"变网站"成为主流，这一主流会对人们的生活产生不可估量的影响。

● 无限裂变能够带来什么

不得不承认，从不同的角度看待问题，结果是截然不同的。有些问题对于某些人而言，可能是无法逾越的鸿沟，但对另一部分人来说，却可以轻松跨越。

无论从哪个角度来看，我们都无法否认，"无限裂变"所带来的从"建网站"到"变网站"，是对互联网技术的一项重大突破，也是质的改变。

对于"互联网Σ"行动计划衍生出的"无限裂变"功能，或许有人会说：戴几十元一块的手表和戴几千元一块的手表，时间是一样的；喝几十元一瓶的白酒和喝上万元一瓶的红酒，宿醉是一样的；通过传统方式建立网站和裂变网站，效果是一样的。

但事实上，真的会是如此吗？

"无限裂变"技术之所以能够获得快速推广，并在短时间内便获得大量用户，原因在于它的六大优势：

1.时间优势。"无限裂变"技术能够突破时间限制，瞬间派生出无数个独立网站。甚至其他人需要用15年时间完成的事情，通过"无限裂变"技术只需要短短几秒钟即可实现，无论对于时间成本还是经济成本，都可以做到有效降低。

2.空间优势。"无限裂变"技术能够让所有人都拥有属于自己的网站和商城，突破空间限制，把全世界的商品收入自己的网络商城进行经营，让大家可以在自己的"家"中购物、消费。

3. 模式优势。"无限裂变"技术突破了现有商业模式，让每个人都能够在最短的时间、最低的成本内，轻松拥有一个属于自己的特大型网上超市。

4. 共享优势。"无限裂变"技术能够让数据直接存入自己的服务器，打破限制，实现共享、共赢。大部分企业与他人初次合作的时候都会不放心，担心"吃亏"，担心被骗，担心"上当"……所以他们有时候会更加倾向于自己独立完成某个项目，而非与人合作。造成这种情况的根本原因是信息不对称——双方各自掌握信息，却不愿意共享，更不愿意受制于人，从而使双方产生猜忌，最终合作关系破裂。"无限裂变"技术优势就在于此——在"无限裂变"领域里，每个人都有一个专属服务器，"个人"就像一个"省级分公司"，在服务器里可以存放属于个人的信息，即使总站关闭，这个服务器也能够照常运行，成为一个既融汇统一，又独立自主的个体，不用时刻受制于人。

5. 市场优势。"无限裂变"技术有多达二十余种打开市场的办法，比如全民猜——通过猜测朋友、亲戚的QQ账号、手机号码是否注册，实现大数据转化。再比如阿凡达神树——任何人都可以向"神树"许愿，阿凡达会在后台提供一个足够大的"智库"，相当于许多"顾问团"，从而打开市场。

6. 资源优势。"无限裂变"能够轻松实现资源优化配置。通过QQ好友的账号、朋友的手机号等，都可以完成批量注册，形成专属大数据，与每个省、市挂钩，直接完成本地化，让服务更到位，"线上市场"更加全方位、立体化。

总之，"互联网Σ"行动计划衍生"无限裂变"技术，对于实现连接、同步、共享全球，以及覆盖不同层面、不同行业、不同经历、不同期待、不同国家、不同语言的人，甚至是关怀每一个人和每一个个体的创新、创意、创业、成长，倡导"大众创业、万众创新"等各个方面都有十分积极的影响。

● 无限裂变究竟是如何"变"的

说到"裂变"两个字，或许会让很多人联想到人体不断进行的生理变化——细胞分裂。

从生物学角度来看，细胞分裂是一项十分巨大的工程。它是指活细胞不断增殖，数量从一个变为两个，再到四个……往复循环的过程，这一过程与人类的生老病死休戚相关。

然而，细胞分裂的次数毕竟是有限的。在人体细胞中，存在一种名为"端粒"的DNA-蛋白质复合体，它能够和端粒结合蛋白构成"帽子"结构，其存在的意义是确保染色体的完整性，并"管理"细胞分裂周期。细胞每分裂一次，端粒就会变短，当端粒消耗殆尽，也就意味着这个细胞即刻走向终结。

那么，"无限裂变"技术中，是否也存在"端粒"呢？哪些因素会影响"无限裂变"的发生呢？

我们先来看看什么是"无限裂变"技术。

传统互联网是通过建网站、卖网站、推广网站来盈利的，如同房地产商一样。房地产商每建一栋楼，便会卖掉一栋楼，此时，如果房地产商新建一栋楼，并再次转手卖出，需要花费很长的时间。而"无限裂变"是如何操作的呢？通过"无限裂变"，我们只需要建立一个网站，就能够衍生出无数个新的网站。无论是"变"门户网站，还是倒过来"变"一个点，都可以不受限制，真正做到了"想怎么变就怎么变，这是用户的权利"。

换句话说，如果我打造了一栋房子，并将其转送给某个用户，那么这个用户就会成为房子的新主人，即便他想要装修、重建房子，甚至想要拆掉房子，都不需要经过我的同意，因为我能够通过"无限裂变"技术"变"出更多一模一样的房子。

再比如，我手中拿着一瓶饮料，当我把它裂变为13亿瓶，全国人民每人都可以拥有1瓶免费的饮料；如果我选择将一瓶饮料裂变为130亿瓶，全国人民每人都可以拥有10瓶免费的饮料。

这就是能够瞬间完成"细胞分裂"的"无限裂变"技术。

在风谲云诡的互联网时代，以"互联网∑"行动计划以及"无限裂变"技术为主线，将"国家的创新驱动的转型""一带一路""中国制造2025""大众创业万众创新""众创空间"等连接在一起，推动产业创新，势必将成为国家的战略行动计划。

同步共享：信息同步的价值

当我们身处一个相对密闭的空间时，获得信息的数量和质量都是有限的。

如果我们有这样一个系统，能够把所有优质的信息、创意、产品，与全世界进行共享，那么通过增加对新事物的认知和了解，不仅能够加大我们的学习力度，同时能够有效减少我们走弯路、浪费时间的风险。

举例而言，一户人家有四个儿子，分别是老大、老二、老三、老四。由于这户人家所住的房子年久失修，已经不适合居住，所以想新建一所房子。此时，四个儿子在没有互相沟通的情况下，分别在老屋的东、西、南、北方向新建了一所房子。数月后，四所房子一同完工，但结果却与这户人家最初的想法背道而驰——原本他们只是想修建一所房子，供全家人居住，最终却修建了四所房子，造成了人力物力的损失。

很显然，这种情况是可以避免的，只要做到信息共享。

共享即分享，是指不独自占有某个物品、信息的使用权、知情权，使之成为"公众皆可使用、分享"的东西。

当时代的车轮转动到"移动互联网"阶段，"共享"的价值更加凸显。事实上，"共享"不仅是一种"有好大家分"的精神理念，更是一种信息传递的方式。无论是家人、亲戚、长辈，还是朋友、同学、同事，甚至是陌生人，都能够随时随地与我们共享信息。而且更多时候，我们看到有趣、有用的信息，也会通过各种社交平台传递给其他人，对企业、社会的发展也将带来推动作用。

"共享"理念其实早已经上升到国家层次。于 2015 年 10 月 29 日闭幕的党的十八届五中全会上，首次提出的五大发展理念（创新、协调、绿色、开放、共享）中就包括"共享"。《中国共产党第十八届中央委员会第五次全体会议公报》对共享的解释是："全会提出，坚持共享发展，必须坚持发展为了人民、发展依靠人民、发展成果由人民共享，作出更有效的制度安排，使全体人民在共建共享发展中有更多获得感，增强发展动力，增进人民团结，朝着共同富裕方向稳步前进。"

从国家层面来说，共享已经被赋予了更重要的使命，但当移动互联网逐渐成为"过去式"，也就意味着普通的互联网共享已经无法满足人们的需求，时代迫切需要一种新的共享形式。在"互联网Σ"概念逐渐深入人心的时刻，基于"互联网Σ"行动计划产生的"同步共享"技术，完美解决了社会大众的需求。

● 同步的意义

众所周知，共享技术是一个并不算新颖的议题。生活中，无论是文字、图片、视频，还是电脑软件、移动终端 APP（手机软件），都已经实现共享。那么，在"共享"前加上"同步"二字，究竟有没有必要，其作用又有多大？

经商往往通过"低买高卖"而盈利，但其实依靠的是信息的"不对称性"。同步共享的意义，在于其打破了信息的"不对称性"。在市场交易中，买卖双方都对产品的各项信息有一定了解，但双方获得的信息并不一定完全相同。通常情况下，卖方会占有这方面的主动权，掌握更多、更确切的产品信息，而买方的信息大多来自卖方，获取的信息不完全，处于被动的地位。信息的"不对称性"对市场造成的冲击很大，它不仅会使买卖双方无法获取第一手资料,更严重的则会造成市场失灵——价格相同的基础上,低质量产品会对高质量产品造成排挤,使高质量产品的交易量降低,甚至不断排挤高质量产品,直至其退出市场。在经济学中,这一问题被称为"柠檬问题"。

"同步"两个字看似没有什么作用,实则意义深远,比如上述的"柠檬问题",就能够通过"同步共享"得到解决。利用"同步共享"功能,买卖双方可以及时发布、获取产品信息及用户反馈,消除双方之间的鸿沟,建设沟通的桥梁,促使交易达成,增强双方交易过程中的舒适度。撇开买卖双方的利益不讲,只针对商界人士来说,"同步共享"的意义也甚为重要。"同步共享"不仅是实时分享的过程,更是商界人士"共同发展、共同成长"的过程。我们可以设想这样一个场景:两个人同时创业,其中一个人想要推广产品,却发现自己没有足够的相关资源,恰好另一个人拥有该方面的资源。这时,另一个人可能会做出两种选择:一是把该资源借给他,大家一同使用该资源,并共同获利;二是另一个人想要通过该资源使自己获利,必须自己获利后再借给他。

上述场景中,第一种选择意味着同步共享,第二种选择意味着共享,但两者之间其实存在很大的差距,第一个人很有可能因为第二个人一时不能将资源借给他,而被迫中断创业或者被市场淘汰。所以说,信息的"同步共享",很可能会改变一个企业的命运、一件事情的结果。

从人类大爱的角度来看,"同步共享"打造的是一种"天下为公"的局面,也是人类发展的必然趋势。

●"同步共享"技术的五大优势

在"互联网Σ"时代,通过"同步共享"技术,信息不对称的局面将被打破。

例如，阿凡达结合"互联网Σ"行动计划，开创的"同步共享"技术打破了做网站需要花费大量时间及金钱，用来建设支付系统、担保系统、物流系统、管理系统、服务系统、推广系统等各项系统的现状，让人们能够轻松打造自己的专属网站。

避开成本问题不谈，"同步共享"技术在打造新的交易环境及交易方式两方面，还同时具备以下五大优势：

1.技术优势。"同步共享"技术能够突破现有互联网技术，有效打破门户壁垒，使每个网站的信息互通有无。任何一个商家，只要产品上传到自己的网站，与之相关联的网站即可同步显示，相当于十几亿人都在浏览该产品，而且此功能能够做到完全免费。

2.客户优势。"同步共享"技术能够让一个客户裂变到数万个商城，衍生出数万个客户，突破现有推广技术，将海量数据自动转换，实现互动联盟推广。

3.销售优势。"同步共享"技术能够让一件商品从一个商城同步到所有商城，打通企业销售通路。

4.集群优势。"同步共享"技术能够让一个网站上的亮点裂变到所有网站，实现网站自动优化和修复，让人类智慧集中到一个网站，实现集群智慧，推动人类文明进步。

5.渠道优势。用户可以根据产品类别和市场，选择经销地或销售渠道，比如针对国外分销，针对广东省分销，针对北京市分销……实现点对点的交易。

相对于传统电商，店铺之间没有互联互通，大家各自进行销售，"同步共享"技术让这种现象产生了改变——无论是我销售的茶叶，还是你销售的护肤品，抑或他销售的服装，都能够在同一个"圈子"里销售，做到了

"消除你我他，有钱大家赚"的境界。这在传统模式中，属于"侵权"事件，而"同步共享"技术的出现，让梦想照进了现实。

毫不夸张地说，"同步共享"技术真正打破了边界，实现了跨国界、跨时间、跨区域、跨血缘的相互融合。这更是互联网时代下，地球村发展的未来趋势。

大数据：有多少基础用户就有多少资源

作为互联网时代的新兴产物，"大数据"不应该仅仅象征着一个"专业名词"，它应该被人们更好地运用到更多场景中。尤其是在成本控制方面，实现更多"大数据"直接转化为网站，包括 QQ 账号、手机号码、微信账号等，是减少推广时间和成本的有效途径，同时也是"互联网Σ"行动计划引发的变革。

对于"大数据"，相信每个人都不陌生。在"移动互联网"时代，每个人既是大数据的生产者，也是使用者，同时还是受益者。

但鲜有人知，大家所说的"大数据"还夹杂着一部分"条数据"。关于条数据，《块数据》一书中写道："条数据可以定义为在某个行业或领域呈链条状串起来的数据。但这些数据被困在一个个孤立的条上，相互之间却不能连接起来。"

条数据共有以下三大特征：

1. 领域方面。条数据是某一特定行业领域的产物，信息量比较单一，多为就事论事型，比如针对医疗方面只和医疗信息挂钩，针对服务业方面只和服务业信息相关。条数据的这种特性使其带有一定局限性，从而导致其事物预测、找寻规律等方面缺乏准确度。

2. 数据方面。条数据作为一种类似"私有财产"的产物，不能被及时分享，本身也不够开放，尤其是在"数据为王"的时代背景下，许多企业都在争夺数据资源，导致了数据的封闭和垄断。

3. 来源方面。由于条数据的私有性，许多企业不重视数据来源，将侧重点放在生产经营活动上，包括产品、客户、销售额等，对和客户相关的人文数据和社会活动数据不够重视。

这三种特征造成了条数据的局限性，因而有人进一步提出了"块数据"。

在《块数据》一书中，对块数据作出的定义是："块数据，就是以一个物理空间或行政区域形成的涉及人、事、物的各类数据的总和。（块数据不只是'条集合'，更是'条集构'）"。

简单来说，就是将分散化、碎片化的数据汇集到一起，形成一种"块"，也就是一个多维的无限的变量。多维代表着思维范式，无限代表着跨界，变量代表着事物存在的不确定性。这不但是我们在大数据时代重新审视世界的基础，也是在潜移默化中影响世界发展轨迹的方式。

从根本上来讲，"条数据"更倾向于"传统小数据"，而"块数据"更像是我们所说的"大数据"。那么，从"传统小数据"到"大数据"，究竟存在哪些差别呢？当"移动互联网"成为过去，"互联网Σ"行动计划成为时代主流，大数据的运用又将发生什么变化呢？

● 大数据的大作用

数据历来是最有效、最能说明问题的东西。对于企业来说，生产一款产品需要做市场调研，这就是在搜集数据信息，以保证产品上市后能够一炮打响，避免产品成功上市且已大量生产，却无人问津的现象发生。即便是产品能够一炮打响，在后期也需要不断收取用户反馈意见，不断改进产品，使之始终畅销。这就是最常见的人们对"数据"的运用。

大数据时代的到来，显然改变了企业获取信息的方式，对企业反馈信息的用户也从"被动"到"主动"。以往的信息搜集工作，多是企业寄出调查单据，用户根据自己的意愿填好，再寄回企业，或者是电话调查等一些"企业主动"且"看得到"的手段。而大数据的出现，让企业能够在"不知不觉"中，了解目标客户的喜好，目标用户反馈方式也由"被动调查"到"主动探索"。

尽管在人们的生活与工作中，到处都有大数据的身影，但是并非所有人都理解大数据是什么，有什么作用，能够给我们的生活带来什么改变。甚至有些公司，手中掌握着大量的大数据资源，却不知道应该怎么应用到生产中，造成资源的浪费。

就大数据的影响方面，以下简单列举几点：

1.大数据对医疗方式的影响。医疗方面已经出现了将人类基因档案序列化的技术，通过对大数据的利用，医生以及科学家能够实现预测病人是否易感染某些疾病，甚至其他一些不利于治疗或生命安全的因素，使病人的治疗时间和成本呈现最小化，便于实施更加精准的治疗，缓解"病因难确定""看病周期长"等情况。

2.大数据对企业发展的影响。大数据能够呈现所有人在互联网上的交易和其他行为，包括其阅读的文章、浏览的页面、查看的图片等。企业可以借助这些数据进行分析，判断目标市场和目标客户的信息需求和消费需求，实现精准营销、产品精准开发，实现资源最大化利用。大数据还能够用科学的手法，建立信用评估模型，打造全方位、立体化的信用评估体系，通过数据说明商家的信誉程度，促进企业良性发展。

3.大数据对社会大众的影响。通过大数据，能够实现舆情监测，随时随地了解公众关心的问题，使社会科学研究能力明显提高。大数据还能够对人们的出行方式产生影响，譬如常见的手机地图 APP，能够通过对大数据的分析，为人们提供路程远近、道路拥挤状况等信息，从而选择快捷、省时的出行方案。大数据还能够运用到防止偷税漏税的问题上，通过对某个人的资金信息进行登记、分析，包括车辆信息、住房信息、消费信息等，以检查其个税缴纳情况，筛选可能符合偷税、漏税条件的人，并对其进一步查实，减少偷税、漏税问题。

通过以上论述可以发现，大数据对于人们生活的影响力不容小觑。但这仅仅是大数据影响的一部分领域，仍有许多领域正在接受或即将接受大数据的影响，尤其是在"互联网Σ"理念的不断冲击下，势必将呈现"不一样"的大数据。

●"互联网Σ"行动计划下的大数据

"互联网Σ"行动计划下的大数据，其特性更加明显，作用更加强大：

1.大数据的自动化。当我们消费一件商品，遇到问题需要找商家客服解决的时候，能不能也"一键化"接通当地的客服呢？我们知道，每个地方的生活方式、收入、习惯等都不相同，这种差异导致客服要么不能帮助用户及时解除问题，要么需要熟悉大量的业务流程，加大了工作难度。通过对大数据的利用，能够做到客服电话直通当地分公司，方便公司与客户实现私人订制般的对接。

2.大数据的互联互通化。互联互通已经成为新时代的代名词，如何让各大平台成为一个整体，是最值得思考的问题。结合"互联网Σ"行动计划产生的大数据，能够实现跨平台区域融合，从购买飞机票、火车票，到在线支付，应有尽有。

3.大数据的直接应用化。所有事情随时都可能发生变化，比如对互联网的使用，以前主要是用来搜索未知事物，但现在主要是用来对数据分类。无论是百度还是Google都在进行这项操作，它们根据数据和信息的不同类别，如同区分铜、铁、垃圾、塑料一般区分数据和信息，这就是大数据综合分析。但"互联网Σ"时代，我们必须将"分析"转变为"应用"。无论是什么信息，要有"拿来即用"的"拿来主义"，以实现大数据的落地。

全世界都在产生大数据，都在收集大数据，都在利用大数据，都在分析大数据。尽管相对于发达国家来说，中国在这一领域起步晚、发展有限，但是中国的互联网在迅速发展。我们相信星星之火可以燎原，真正的核心不在大小，而在精髓，即便森林再大，也逃不开一根火柴就能够引发的大火。

永久免费：以永久性消灭时效性

企业经营过程中，最重要的一个环节就是构建商业模式。

可以说，一个好的商业模式，奠定了企业成功的基础。在商业模式中，一向以盈利能力论"长短"，所以人们普遍认为商业模式就是赚钱的模式。尽管人们对于"商业模式存在的意义"方面，并不存在认知不足，但是能够轻松运用商业模式的人却并不多。

商业模式的概念十分宽泛，根据不同理解和涵义，能够衍生出许多种不同的名称。常见的商业模式包括运营模式、盈利模式、连锁经营模式、B2B模式、B2C模式、广告收益模式等。在如此众多的商业模式中，"免费模式"犹如一股清流，在各个方面与其他模式形成鲜明对比。现如今，"免费模式"作为一个并不陌生的商业模式，越来越多的人开始追捧。

事实上，在人类进化史上，"免费"是一个绕不开的话题。几乎所有人都无法抵御"天上掉馅饼"带来的诱惑，毕竟拿走"天上"掉下来的"馅饼"，是一件稳赚不赔的事情。

那么，在商业中，"免费模式"能够带来哪些优势？"免费模式"是否真的意味着"不劳而获"呢？

● "免费模式"是最好的商业模式

说到"免费模式"，似乎离不开宗教。在许多人的认知中，甚至是许多文学著作中，都认为宗教是对"免费模式"最好的诠释。

对于宗教，在《下一个倒下的会不会是华为》一书中，有这样的描述："新浪微博上有一篇广为流传的短文：《世界上最伟大的商业模式》，文章指出世界上最伟大的商业模式的创造者不是乔布斯，而是佛祖释迦牟尼。寺庙是成功的连锁行业，不卖产品，却拥有最多的忠实客户，这背后，就是被广为认可的价值观。佛教寺院在全球是最大的旅游地产，拥有统一的视觉标志、管理模式、文化模式。不用广告，不用交税，消费者自动上门。他创造的商业模式才是最伟大的。"

无论是产品成本、物流成本，还是技术成本、推广成本，凡是需要资金完成的事情，宗教都能够免费做到。可以说，宗教通过免费，取得了他人无法企及的成就，也成功创造出一种新的商业模式——免费模式。

如今，即便是在大街上，我们也随处可见"免费模式"的运用——从"新店开业小礼品免费派送"，到"回馈新老客户买一赠一"，再到"买产品 A 送产品 B"，无一不是运用了"免费模式"的理念和技术。

对于卖方来说"稳赔不赚"，对于买方来说"稳赚不赔"的免费商业模式，之所以能够如火如荼地发展，自有其优势。

比如我们常见的充话费赠手机。"为手机卡充值 1000 元，即可获赠价值 1000 元手机一部、电动车一辆，以及价值 100 元的业务，该手机卡每月最低消费 50 元，话费分期返还，需在 24 个月内用完……"作为消费者，这样的信息足够让人心动，继而引发消费行为，而且认为自己"赚到了"。

但事实上，卖方会去做"亏本"的买卖吗？他们真的会"亏本"赠送手机吗？答案是卖方不但不会亏本，还能够以此获利。

通过分析，我们能够了解因果：这些被赠送的东西，市值确实在 1000 元上下。但是，这些产品的批发价绝不会如此高，市值 1000 元的手机和电动车，批发价可能不过几百元，而价值 100 元的业务，可能根本没有成本。如此一来，卖方就能够通过薄利多销的形式获得利润，进而对产品进行更有效，覆盖面更大的宣传推广，可谓一举多得。

除此之外，麦当劳、肯德基也在间接通过免费的形式招揽生意。众所周知，任何人使用麦当劳、肯德基的卫生间都是免费的。当我们走在街上，需要去厕所的时候，首先想到的是公共厕所。但是在城市的大街上，找一个公共厕所并不是简单的事情，这时我们想到的一定是周围是否有麦当劳、肯德基，因为那里的厕所不仅免费，而且干净。

这样做，对麦当劳、肯德基会产生什么影响呢？一是增加了客流量，烘托了人气，毕竟没有人会在意你来到麦当劳、肯德基是消费，还是做其他事；其二是能够无形中对品牌进行推广，让更多的人知道这个品牌；其三是能够使"过客"转化为"顾客"。人类是视觉动物，看到产品或多或少会产生消费的念头。这样一来，麦当劳、肯德基通过"免费"，也能够获得更多利润。

然而，让人不可忽视的事实是，有些人利用"免费模式"风生水起，有些人却因为"免费模式"一塌糊涂，有些人只是在"免费模式"中游走。在未来，什么样的免费才是真正能够获得大众青睐的商业模式呢？

● 翻开"免费模式"新篇章

事实上，无论是现在，还是未来的互联网世界，都将是一个讲究"免费为王，数据天下"的世界。在全世界范围内，除了上述领域，很多关于互联网的东西已经开启"免费模式"，但这种"免费模式"还存在一些不足。

比如，一些网站或者软件，在用户使用初期并不收取任何费用，此时的用户处于"免费试用"阶段。试用一段时间后，网站或软件开始针对某些已有服务加收服务费，限制用户使用权限，或者网站利用软件开发新服务，同时使新服务成为收费服务。

无论是电子邮箱，还是音乐软件，抑或社交平台，这样的事情屡见不鲜，似乎各个领域的"免费模式"走到一定阶段，都会演变成"收费模式"。

关于金钱利益关系的改变，在一定程度上会影响用户的使用感受，让用户产生不适应和抗拒情绪，进而选择使用其他同类产品，即便继续使用该产品，也会或多或少地减少该产品的使用频率。无论用户最终是否选择继续使用该产品，都会对产品造成一些负面评论，使产品丧失"时效性"，成为被时代抛弃的产物。

是不是所有的"免费模式"都将走上"付费"的道路呢？在"互联网Σ"时代，关闭从"免费"到"付费"的大门已经势在必行。

阿凡达基于"互联网Σ"行动计划，对"免费模式"进一步开发，突破了"永久免费"技术大关，实现了"有好大家分"的全新时代。

事实上，啃掉电商领域收费问题这块硬骨头并不是一件容易的事，但正因为其艰难，才更显得有意义。面对收费，商家可能会有很多理由：网站维护需要资金、产品上传需要限量、产品推广需要资金……但是"永久免费"只要有一个理由就足够了——只有给用户创造价值，才能够实现商业价值；只有将用户体验放在第一位，才能够获得忠实用户，进而实现公司发展。

严格意义上讲，"永久免费"带给世界的是持续的惊喜，它不仅能够给社会带来"节省"资源等好处，还能够促使国际上产生一种"和合共生"的发展趋势。

因此，在阿凡达的平台上，有三大免费政策：一是给用户永久免费赠送网站，无需服务器，永久免费维护；二是商家永久免费上传产品，且没有数量上限；三是用户的产品、品牌、关键词等，永久免费在全世界范围内进行推广。

"互联网Σ"包罗万象的特性，促使阿凡达缔造了"永久免费"的技术神话，也让阿凡达产生了"我们并非讲究一时的商业性质，而是围绕'永久'两个字去组织产业结构"的想法。

归根结底，"互联网Σ"时代的"永久免费"并非是为了消灭他人，而是为了全人类的信息互通，是为了全世界的互通有无。只有基于这种大爱无疆的理念，才能真正、永久地消灭其自身的时效性。

未来趋势：小成做事，大成做"势"

或许很多人已经十分满意当下的互联网时代，因为它涉及到我们生活的方方面面，那么在未来，我们又能够通过互联网技术获得什么呢？网络世界已经变成了一个"大染缸"，越来越多的数据和信息充盈着整个互联网，它既是全球实现交流的平台，也充当着全球人的数据库。一些网站正逐步走向"网络服务"的角色，这使它们能够更加有效地向世界传播信息。尽管中间还有一些诸如从各方面来讲是否可行等难题，但是我们要思考的并非是网站能否实现网络服务，而是何时以及如何实现的问题。

也就是说，这是时代的必然发展轨迹。或者我们也可以将其看作整个世界的发展趋势，而关键是生活在当下的人们以及创业者和企业家如何面对和应对这种趋势。

● 明"势"者先行

古往今来，凡大成者，都离不开"势"字。

小成者总是为了做事而去做事，而大成者却懂得运筹帷幄，审时度势，因而能够早人一步获得成功。

而今天，"以势成事"已经成为企业未来发展的趋势。

当今世上，每个人都需要做事，每个人都必须做事，但做事的结果各不相同——有些人一帆风顺成就辉煌，有些人却是百般努力不得其果。

究其原因，主要在于后者只知做事，而不知做"势"。一个人要想获得成功，就应该学会做"势"，让自己时刻位于"势"中，才可以永立不败之地。

那么，做"势"又指什么？

我们都知道，做事侧重于"行动"，拘泥于具体事情，像"老牛耕田"一样，低头苦干，没有自主的方向，因而大多都是事倍功半。事实上，事情是永远也做不完的，所以我们要选择如何去做，如果一味忙于应付，没有长远目标，就会忙碌不堪却一事无成。而做"势"则更侧重于战略，重点在于对事业全局的谋划。

不管处于哪个行业，如果你不是业界中最好的，那么这个市场就不属于你。市场并非一直存在的，而是人为创造的，而且不断更新。因此，我们要学会做"势"，创造全新的市场，引领市场的发展方向，而不是盲目跟风，如此，我们才能占据市场。

如今，最大的"势"是什么？谁都无法否认，它必然是互联网。

● 完善的核心技术保障安全管理

在互联网发展的大势下，很多企业、创业者甚至个人选择了借互联网大势而为。但借势之于大众，如同东风之于草船借箭，需要天时地利人和，但并非所有人都能像诸葛亮一样"神机妙算"，因而除了借势以外，我们更要学会做"势"，即从宏观角度出发，改变现有的网络管理形势，建立完善有效的信息审核系统，及时、准确地屏蔽不良信息，并将网站违禁词筛选端口交给国家安全部直接管理。

在解决互联网发展问题时，阿凡达就从公民的角度选择了做"势"：

1.现有的网站信息，基本上是上传之后再进行违禁信息的筛选和拦截，待发现问题后再将信息删除。虽然最大化减少了不良信息的传播，但无法确定不良信息是否已经被下载并传播。

为了规避信息筛选迟缓的情况，阿凡达的违禁词筛选功能精准而便捷，所有信息采取违禁词前置筛选拦截，将不符合规范的信息排除在网络入口之外。这样一来，违禁产品和不良信息将全部被拦截在网络之外，从源头上杜绝违法信息的传播。

2.在未来，当人人都使用自己的阿凡达网站以后，所有网站的信息互联互通、同步共享。阿凡达系统可以有效减少安全部门管理整个互联网的工作量，甚至一个人或几个人就可以通过一个网站监管全世界互联网上的违法乱纪信息或非法交易，为国家安全部门节省了大量的人力和财力，同时也大大降低了互联网的信息安全风险。

3.阿凡达所有网站信息互联互通，将违禁词端口直接交于国家安全局管理，国家安全局可以精准锁定违法信息源。同时，阿凡达能够根据社会的发展与国家的需要，及时准确增加、删除违禁词汇或择时开放，为社会的和谐安定乃至国家安全、政权的稳定提供了一定保障。国家安全部门能够通过阿凡达的系统监控社会舆论，也能实时捕捉信息的发布源，对网络违法行为进行及时制止，减少网络犯罪的概率，有力提高了我国互联网信息安全风险控制的能力。通过对违法使用网络的打击力度，使互联网使用者提升自己的网络信息自控意识，杜绝传播违法信息，更加自觉自律地使用网络。

此外，阿凡达在做"势"过程中，还发现了一些必须避免的雷区：

1.谋划远大，目光长远是做"势"的前提条件。商界局势就像一盘棋，有人走完一步再思考下一步，所以步步艰难；有人却懂得精心布局，预想到之后的每一步应该怎么走，甚至预想到对方会如何应对，从而掌控整盘棋局。做"势"时同样应该如此，不但要灵活解决遇到的问题，把事情做好，还要有长远的规划，运筹帷幄，方能决胜千里之外。

2. 懂得聚集人脉是做"势"的一个关键因素。当今时代，个人主义举步艰难，人们之间的交往合作越来越重要。善于做"势"者都明白这个道理，懂得广结人缘，给自己营造良好的社会关系。

3. 做"势"要懂得放下眼前的利益。无论身处何地，都不能被一时的得失所左右，以免失去更多，同时还要承受来自各个方面的压力。

● 网络管理中存在的诸多弊端

任何事物的出现都是有原因的，阿凡达的出现正符合了这一自然规律。互联网作为当今社会便捷化的工具之一，与人们的生活息息相关，并且在当今社会有着无可替代的地位。互联网以其交互性、开放性、及时性、平等性等特点和优势，对人类的行为模式、价值取向、政治态度、心理发展和道德法制观念产生了深刻影响。由此可见，互联网与人们的生活、工作相结合已然是大势所趋。然而大势所趋下的事物，并非都是完美的，互联网也是，其在网络管理方面还存在诸多不完善之处：

1. 不良信息影响国民身心健康。网络的迅速发展，给很多心怀不轨的不法分子造成了可钻的空子，如毒品交易、暴力、赌博、色情等不良信息在网络被广泛传播，严重损害了国民的身心健康。更有甚者，会制造一些虚假信息，散布谣言蛊惑人心，轻则引起不明真相的群众恐慌，重则造成社会及市场混乱，对国家与社会的稳定极为不利。例如，通过微博散布"H1N1"谣言造成人心恐慌、通过网络散布"日本核泄漏"谣言造成全国出现"抢盐"现象等。

2. 容易导致国民价值观偏移。在网络的世界里，不同的思想、文化、价值观往往会汇集在一起，交织碰撞。有些西方国家，想要通过建立"网络霸主"对信息的传播造成垄断，妄想把自己的思想凌驾在其他国家之上。像这种没有硝烟的战争，虽然没有给人们带来切实的战争感受，但人们的观念会因此在潜移默化中被改变，甚至被扭曲，而正确价值观的取舍关乎整个国家的发展和命运。因此，在真假难辨的网络环境中，国家网络信息的严格监管势在必行。

3.传播不良政治舆论，通过网络"绑架"政府。政治稳定涉及到整个国家的繁荣与发展，一些社会事件如果被扩大到政治高度，那就与每个公民息息相关，而国民从众心理、盲目跟风等现象，更容易导致这些不良社会舆论的传播，引起局部甚至大范围的社会不稳定和动乱。尤其在当今社会，网络的不断发展为信息传播和扩散提供了前所未有的便捷性，不少不法分子利用科技手段，抓住国民的跟风、从众心理，刻意制造一些极端或恶性的政治舆论，试图通过网络压力来"绑架"政府，以实现自己不可告人的企图，这对国家稳定和社会安定是一个很大的威胁。

总之，网络在给大众带来便利的同时，深深埋藏着隐患，也赤裸裸地考验着更多的人和企业。安于现状最终只会走向灭亡，想要成就大事，就要学会打破传统局限。但是，我们在积极行动、创新进取的过程中，应当根据计划一步步进行，不可急于求成，更不可凭运气做事。

在做"势"的同时，还要懂得维护"势"，不失分寸，如此方可成大事。

第四章
和合共生：突破……不可能

高黏度：突破人性、满足自我

互联网的普及给人们的生活增添了色彩，可是互联网企业之间的用户之争，又充满了血雨腥风的味道。

2010年，微博的火爆使得各大网站也相继推出了自己的产品，如腾讯微博、新浪微博、搜狐微博、网易微博等，但随着行业之间的竞争和社交媒体的发展大多已经消亡。时至今日，只剩下了新浪在"微博界"独领风骚。究其原因，在于新浪背后有大量的高黏度用户追随。

新浪是我国早期推出微博的网站，腾讯微博后来居上，却依靠自己拥有的QQ用户资源直接转化，在用户数量上快速超过了新浪。可是只靠用户数量的增加是不够的，还需要满足用户需求，产生高黏性。

正是基于这样的原因，新浪与腾讯之战又发生了逆转。腾讯微博用户多是转化而来，用户不少，但其内容多是一些日常话题，实质性的内容不多，造成用户需求度不高；而新浪用户有很多是从新浪博客转化而来，微博内容有着不同领域的专业知识信息，很多用户对这些信息有需求，这就让用户对新浪产生黏性，形成高黏度的忠诚用户。

高黏性就像父母给自己孩子讲故事，若故事情节对孩子特别有吸引力，第二天他们一定会要求再讲。网站的高黏性和这个道理一样，得到了用户的认可，用户就一定会再来，再由熟悉到习惯，慢慢变成了忠诚的用户。

高黏度的忠诚用户对一个企业的发展、网站的建设都起着重要的作用。根据西方营销专家研究结果显示，争取一个新用户所需的成本是留住一个老用户的 5 倍，而一个老用户贡献的利润却是新用户的 16 倍。要想留住老用户就必须要保持用户高黏度，高黏度用户的发展是一个从吸引、信任到追随的过程，而"互联网Σ"行动计划，正是遵循吸引、信任到追随这条逻辑线，不断发展高黏度的忠诚用户。

● 吸星大法：吸引大量高黏度忠诚用户

"互联网Σ"时代的特征在于分享价值，共享利润，全民互联网，所以其从内在就奠定了黏住用户的基础。

例如，大家忘掉任何网址也忘不掉自己的名字，"互联网Σ"时代，每个人都可以拥有以自己的姓名或手机号为网址和账号的商城。

阿凡达运用"互联网Σ"思维，通过裂变共享技术让自己的网站变成属于每一个人的"特大型超市"。这样，无论任何人有什么需求都会首先考虑到自己的商城消费。这是一次对人性的挑战。因为人们都是满足自我的，都是趋利避害的，在这样的基础上才会产生信任，而提高了信任度，也就提高了黏度。

信任是获得高黏度忠诚用户的前提。网站要想获取用户的信任，就要保证信息发布的准确性。"互联网Σ"时代所获取的信息都属于同步共享，可以让全球数据共享，而且确保了信息的全面性；同时，它的自动修复功能可以修复错误信息，确保信息的准确性。准确全面的信息，再加上"互联网Σ"行动计划完善的科学体系，让用户对网站产生信任感，提高对网站的黏性。

通过对网站的认可，进而认可产品、认可企业的文化，人们会自觉地产生追随的欲望。"互联网Σ"行动计划的最终目的是为人类服务，这种愿景也会让人们产生共振。

"互联网Σ"行动计划的实现会让人们生活的各方面更加便捷。网页上将建立完善的后续服务功能，比如转载、留言、分享等。如果用户在浏览网页时发现一些好玩、好看的内容，想分享给朋友时，却发现此网站没有这方面的功能，一定让使用者很扫兴。而通过端口进行分享，转发给其他朋友，把自己的所见所闻与他人分享，可以让用户对网站更加认可。

"互联网Σ"时代，整个互联网体系可以让用户产生高黏度，但高黏度用户的长期追随除了基于信任，在这个多变的时代，还需要让他们获得更好的价值体验。

● 身临其境：参与感带来的高价值与大体验

传统培养客户忠诚度都是依靠主体单位单方面来进行。新的时代流行体验经济，把用户体验作为培养忠诚度的主要因素，以用户参与为"中间桥"，以用户满意度为基准构建高黏度客户群。

20世纪70年代后期，就已经出现了客户参与概念，从客户角度出发，来研究客户对产品的满意度。1970年，菲利普·科特勒（被誉为"营销之父"）首次提出了"体验经济"，核心围绕在客户参与上，着重在于客户参与对产品制造过程的价值体验。

在建立客户忠诚度的过程中，企业需要发现客户需求，从而为客户提供满足其需求的产品或服务。客户参与能够让企业得到较为准确的客户需求以及偏好信息，还可以最大程度提高企业工作效率。

这就像一个销售摄影器材的网店，只把器材卖给用户，并不会使用户产生黏性认可。但如果网店建立一个平台，让所有用户参与到平台的交流中，展示自己的作品，交流经验、器材的使用技巧等，通过这些延伸服务，很有可能让他们成为高黏度用户。

"互联网Σ"行动计划作为一种更加开放的互联网新业态，处处给用户留下了参与的"窗口"，让用户在参与的过程中做到分享、交流等。如用户参与到"互联网Σ"行动计划中，就等于参与到产品的推广中，可以通过在自己的网站上上传产品，让产品在网络中自动推广；参与到信息的分享中，可以通过在自己的网站发布信息，实现全球共享；参与到网站的设计中，可以把自己的网站设计得更漂亮；参与到产品的销售中，通过自己的网站销售产品，可以从中分享利润。

总之，只要参与到"互联网Σ"行动计划中，就会让人欲罢不能，因为其中的价值体验将是任何一个人在任何事物中都不曾感受过的。

自动推广：突破现有技术，免费推广

喜欢观看电视剧的人，一定听过"肥皂剧（soap opera）"这一名词，也知道它指代的是剧情拖沓、表演略显浮夸，但其来源却鲜有人知。其实，肥皂剧并非中国"本土产物"，而是起源于欧美，当地电视台晚间时分时常播放一些幽默短片，虽然这些短片并没有什么剧情，仅仅是为了逗笑观众，但是短片中经常夹杂关于肥皂的广告。时间久了，大家对此习以为常，将这些短片称为"肥皂剧"。

不可否认，这难道不正是厂家对肥皂的推广方式吗？或许在那个年代，这是一种很好的推广方式，毕竟它让人们记住了"肥皂"，但时代变迁，推广方式也在改变。那么，是不是随着时代发展的推广方式都是最合适的营销技巧呢？

● 现代推广，喜忧参半

近几年来，互联网快速兴起，互联网推广方式也随之遍地开花，甚至可以说是各种各样。

目前，常见的网络推广方式莫过于付费推广。一种是通过向搜索引擎缴纳一定费用，让一个新网站快速获得流量和知名度，并带来有效订单。这种方式由关键词热度来决定每次点击价格的高低，用户每点击一次就收一次费，次数越多价格越高，无论成交与否价格不变。如果有对手恶意竞争，不断点击广告条目，就会对企业造成一定资金损失，乃至得不偿失。

另外一种收费推广就是我们常说的"冠名"或者"广告植入",以及一些网络红人的段子。比如2016年上半年的新晋网红"papi酱",因为广告招商赚了不少钱,许多企业为了在她的视频中植入广告,也不惜砸下重金。再比如知名博主"回忆专用小马甲",经常借助家里养的"端午"(折耳猫)和"妞妞"(萨摩耶犬)打造段子,对一些企业的产品进行宣传推广。这种推广方式虽然比较火爆,但它只针对于网络红人的粉丝群体,具有一定的局限性和片面性。

而一些免费进行推广的门槛相对低很多,比如在网站、论坛、贴吧上发表一些软文,使关注者了解自己的产品。再比如在网络中回答网友的针对产品提出的问题,在解答问题中顺带介绍产品的功能、优势等信息。这种推广方式可以说是0成本,但同时收效也不太明显。

虽然这些网络推广方式在一定程度上突破了传统方式的弊端,但是仍然各有各的劣势与不足,需要实现再一次突破。

● 分利由心,真正的合理

综合以上几种网络推广方式与途径来看,在使用过程中都存在着不足之处,让企业或个人在选择时很容易产生迷茫感。其实,推广的最终目的是达到一个好的营销效果,同时还可以让推广过程省时省力,只要以这些标准去选择最适合的推广方式和途径,就可以做到事半功倍。

例如,阿凡达在推广方面结合"互联网Σ"行动计划做到了自动推广。阿凡达商城让每一个商家直接面对所有用户(消费群),上传产品自动同步送达消费者的商城,消费者根据需要可随时主动购买,颠覆了传统的网络推广模式,突破了现有推广技术,并通过海量数据自动转换,进一步实现了互动联盟免费推广。

除此之外，阿凡达商城还有一个特点，即一旦卖出去商品，用户可以按自己意愿给予阿凡达商城一定回报。假如一个投影仪，市场上的价格是5200元，批发价是3800元，卖出去之后，商家愿意给商城平台多少钱就给多少，2000元也好，1000元也好。只有商家知道市场价是多少、批发价是多少、自己挣了多少钱。阿凡达商城之所以制定这样的制度，旨在建造一种"你情我愿"的商业模式，让生意永久地做下去。就像一对夫妻，两个人在一起不是靠协议，而是因为彼此开心，心甘情愿地在一起。

如果有商家卖出商品，没有向平台分利润，阿凡达商城也不会向商家索要。阿凡达只希望，商家利用这些利润来保障产品的质量。当人工工资下降，原材料价格降低时，利润空间便会大一点；当人工工资升高，利润空间缩小时，为保证自己的利润，保证产品的质量，就可以不给平台分利润。商家的责任是保证产品的质量，把销售的环节交给系统，这样的模式才是省时省力的事半功倍的推广模式——自动推广——免费推广。

在看得见的未来，真正符合这个世界、这个时代的推广模式一定是：一切由商家决定，购买谁的东西由用户决定。我们通常喜欢将这种自动化、免费型的推广模式叫做"哑巴式营销"，即大家不需要讲话，产品自动分销，商业模式完全自动化。

电商蓬勃发展的今天，很多企业或个人看到了网络营销推广带来的机会，都在跃跃欲试。但其中不乏一些企业投入了大量的精力、资金，却无功而返。其实，要想做好网络营销推广并没有那么难，只要理清思路，选择合适的推广模式，一切问题将迎刃而解。

信息互通：突破门户壁垒，信息共享

2013年，在瑞士举行的世界经济论坛上，万维网发明者、"互联网之父"蒂姆·伯纳斯·李（Tim Berners-Lee）在发表演讲时呼吁，网站、信息拥有者应该在网络上分享更多的信息，从而为企业、为公众、为国家建设提供帮助。

信息是社会的宝贵资源。然而，计算机发展初期，人们把信息存储在自己的电脑上，信息由个人控制。互联网盛行的今天，人们把信息上传到各大网络平台上，成就了一个个孤立网站的简单连接，也没有达到互联互通。

各网站间壁垒高筑，在网络上形成了一座座"孤岛"。尤其是一些"真正互联网"的基础服务，虽然得以运用到人们的生活中，却没有实现真正的信息共享。

● 带有围墙的花园

从某种程度上来说，将信息完全封闭起来才具有更高的安全性，但导致的后果是，信息的价值也就不能真正体现出来。所以，互联网的一个最大的特点就是互联互通和信息交换，通过把原来碎片化的信息链接在一起，形成一个尽可能完整的信息网，让信息更全面，这样才能体现信息的相应价值。

遗憾的是，想借助当下单一门户网站的信息实现共享，就像盲人摸象。

与此同时，业界一个奇怪的导向是，很多网站在不经意间传递了信息孤岛的概念，让信息安全、门户网站壁垒紧密联系。还有一些企业通过建立信息管理平台、加强信息控制，来保障信息安全，认为只有建立信息保护体系，才能坦然步入信息化时代。

然而，这样的思想显然是与信息化时代的发展脚步相悖。信息的开放式发展让时代发生了巨大的变化，通过信息流通，人们把过去无法触及的事物连接在一起，对信息的洞察和分析更加深入。信息的互通是社会、企业良性发展的必备因素，而壁垒的建立，形成的网站"孤岛"则把人们又拖回到信息闭塞的时代。

比如，一家大企业，会在很多不同的网站上投放广告，虽然投放的数量非常多，可仍有很多门户网站是覆盖不到的，所以，企业需要对广告投放地做出选择。然而，其目标客户往往会关注很多不同的门户网站，这就造成了企业无法获取全面立体的客户信息。如果企业想把多方分散的信息整合统一起来，出于门户网站间壁垒的存在，信息无法互通，想要更加准确地了解用户的需求，就需要加大广告投入，从而增加广告的成本预算。

另一方面，把信息局限在某一个门户网站上，会使企业对自身信息价值造成错误的判断。无论企业有多大的规模，对于整个市场来说，其自身信息只是一小部分，通过企业自有的信息来推测整个市场的发展，是受信息局限性的一种折中处理方案，带来的也只是一个自圆其说的结果。

信息的透明度一直受到各方争议，但解决信息互通的问题不应该归结在"要不要做"上，而是应该落在"怎么做"上。一些门户网站建立壁垒的最终目的还是为了自身的利益，但需要明白的是，从发展的角度来看，"开放"是互联网发展的必然选择，因此要学会分享，才能给企业、社会、人类带来更大的利益，共享互联网带来的信息盛宴。

● 因分享而更加和谐

先讲述一个关于分享的小故事。

一个海边的小村庄遭遇了空前的海啸。海啸过后村庄一片狼藉，死伤无数。同时，因为海啸几乎冲走了村庄的所有物资，因此，大多数家庭一无所有。然而，一些幸存者在逃生的时候找到了一些东西，分别有地瓜、蘑菇、米、勺子、锅……

起初，这些幸存者看着被冲洗一空的家园，想到自己逝去的亲人，心中充满了绝望。随着时间推移，因为不知何时才能有人救援，活下去成了大家唯一的想法，仅存的食物成了救命稻草。于是，各自纷纷担心起他人会抢走自己手里的食物，彼此生起了猜忌之心，邻里关系不断恶化。

这时一位被村民敬重的长者走了出来，对大家说："这样吧，现在大家都在相互戒备，如果大家信任我，现有的食物由我来分配。"长者遣人分别架大锅，找木柴，找淡水，点起火堆烧起水，接着把各家各户还剩下的米、地瓜、蘑菇等分别倒进了锅里。过了一段时间以后，一锅粥煮好了，虽然食材简陋，但对于一群饥肠辘辘的人可以说是人间美味，边咽口水边看着。当这一大锅粥平均分下去后，大家吃得很开心，暂时解决了大家的生存问题。之前彼此间的猜忌心也消散一空，村民的心又靠在了一起，相互之间其乐融融。在长者主导下，这一锅粥每天定量发放，使村民们支撑了四天，救援的人赶到了，并带来了物资，让所有海啸过后的幸存者活了下来。

当人们面临生存的挑战时，需求通常会变得极端化。如果长者不出现，海啸过后的幸存者很有可能相互打斗、死亡，但即使这样，每个人都把私心放到第一位，是否就可以生存下来呢？答案是否定的。如果一个人、一个家庭、一个企业、一个国家把私心放到第一位，最终自己将成为受害者。

从这个故事我们可以看出分享的重要性，每个人贡献出自己所有的东西，让大家共享，才是利于每个人的选择。

社会信息共享也是同样道理，而之所以做不到共享，原因在于技术、渠道。

阿凡达的新型电商平台弥补了这一空缺，打破了传统网站壁垒的缺陷，让世界变得更"平"。阿凡达实现了线上线下的互联互通，提取了碎片化的信息和逻辑，在生产产品之初就全面分析客户的需求和喜好，实现了线下和线上的真正信息同步共享。

阿凡达实现了上下产业链的互联互通，基于"互联网Σ"行动计划，去掉中间环节，采用集中采购、集中配送的方式，利用电子商务，实现客户和供应商之间的互联互通，达成"资源共享、合作共赢"的局面。

自动修复：突破封闭权限，开放网站

"像我们这一辈人，得来的大部分知识都是通过阅读经典书籍。但是到了网络时代，通过网络就可以很轻易地找到各种资料。其实这个是很危险的。"这是台湾历史社会学博士陈文茜，在上海举行新书《树，不在了》的记者专访时的感慨——之所以说很危险，是因为网络信息错误率高达30%。

因此，我们有必要在网站出现错误信息或者无效信息时，进行快速有效的修复。但是传统的修复方式需要消耗大量的财力和人力资源，而且网络上错误信息增长的速度已经超过了人工修复的能力。这就需要通过开放网站后台的一些权限，从而实现修复自动化，即创新自动修复技术。

电子商务网站建设在当下社会已经见惯不惊，传统行业为了跟上时代的发展，纷纷建立起自己的网站，为企业做线上的宣传和销售打基础。网站设计公司也在市面上与日俱增，而且推出了一系列的建站优惠活动吸引客户。可并不是所有网站建设公司都能够按照规范进行工作，因而我们随时都可能掉入网站建设的陷阱：

1. 现在许多网站建设公司，为企业建设的网站往往都体现在表面上，没有实质性作用。企业通过其建设的网站并没有带来更多的利益。很多企业以为网站建好以后就能进行电子商务发展了，其实并非如此。即使网站建设完成，却无人管理，网站放在那里也就成为了一个摆设，完全发挥不了电子商务的效果。

2. 许多网站建设公司表面上是建设网站，建设电商平台，可网站建成后往往会介绍企业做竞价排名。因为很多企业对竞价排名不甚了解，所以听从了这些网站建设公司的建议，结果是投入了大量资金却没有达到好的效果，原因在于网站和产品等都没有达到吸引客户的标准，更不要说订单了。

3.一些网站建设公司制作设计的网站属于应付了事，不符合搜索引擎优化原理。并且在建设网站之前不与客户沟通，使网站做出来以后存在很多错误信息。这种网站全然不符合使用标准，对于发展电子商务来说更可谓是天方夜谭。

常态下，一些网络建设公司既不策划又不设计，而是采用自助建站软件或通过模板来建设网站，更有甚者只改一下网站名称和联系方式，造成现在的网面千篇一律，毫无新意可言。但这并不是最严重的，最严重的是一些不良网站建设公司使用盗版模版，那么企业就有可能因此而陷入版权纠纷，给企业形象造成重大的损伤。因为没有深入了解客户的企业文化、企业产品，做出的网站完全没有针对性，自然也就不可能给企业带来效益。此种网站对企业的形象以及企业电商的发展完全没有帮助，很有可能适得其反。

劣质的网站不但无法给企业带来利益，甚至损害企业形象，而且也会给网站的浏览使用者（网民）造成负面的影响。

● 修复优化对网站建设的重要性

由于传统网站权限的封闭性，给企业建立和修复网站时造成阻碍，让即使发现错误的人也无法修改，甚至让一些企业网站本身也无法修复。而这些并不是我们选择坐以待毙的理由和借口，因为网站的修复优化，对一个网站的发展，甚至对社会的发展，都有着重要的意义：

1.通过修复优化网站，可以帮助商家解除网站制作人员留下的一些诟病，让网站重新回到最有利于搜索引擎收录和抓取的良好状态。即使不去享受关键词排名服务，网站也会因为周期较长，在竞争不激烈的关键词中取得较高排名。否则，很有可能像其他很多网站一样，形同虚设，淹没在巨大的互联网信息中。

2.通过修复优化网站，可以更符合用户的浏览习惯。用户使用搜索引擎时，多半只会关注前几条搜索结果。网站排名靠前以后，会符合用户浏览靠前搜索结果条目的习惯，带来更多的流量，产生更好的效果。

3.通过修复优化网站，可以拥有稳定的排名，获得较好的综合效益。假如一个网站是通过竞价排名的方式，提升了自己网站的排名，一旦不使用竞价后，网站排名也会随之掉下来。而通过网站修复优化必定会提高网站质量，进而吸引更多的黏性用户，让网站保持稳定的排名。

4.通过修复优化网站，会提高企业的形象。网站经过修复优化信息内容，运行也会更加顺畅，下载与显示速度更快；乱码或变形等情况也不会在网站上发生。

● 开放的网站

网站的修复优化对网站的建设起着重要的作用，如果能够实现修复自动化，对网站后期的维护工作将起到重大的帮助，但由于传统网站的一些权限封闭，让此功能无法实现。

阿凡达打破了这一传统，开放网站后台封闭权限，让人人参与到修复中，实现修复自动化，塑造一种全新开放共建共享的互联网环境。

阿凡达开放的自动修复功能，属于集群智慧自动延续修复。比如，如果一个网站上有一个错别字，网站维护人员不知道，但是当别人发现这个问题并修改之后，此网站上这个错别字就没有了。再比如，网站上显示的物流信息，当第一个物流出现问题的时候，第二个物流就会自动顶上去，让每个显示的信息都是有效准确的。这些都不是一个人在做，而是一群人在做。在后期的互联网平台上，哪一个字出现错误全世界都能修复——自动修复。

阿凡达后台开放给用户的修改网站权限，可以让所有懂技术的人都把自己的网站进行优化，从而把自己的网站设计得更漂亮、更实用，得到更多人的认可，而且建好、优化好的网站可以被有偿采用。

集天下智慧，方能完成更多看似无法完成的工作。

价格透明：突破利润黑洞，明白消费

马化腾在《互联网+国际战略行动路线图》中曾说："互联网从一开始的工具，慢慢变成了生活的一部分，最终变成了生活本身。"互联网越来越成为人们生活中不可分割的一部分，对人们的影响也是与日俱增。

人们在生活中逐渐感受到互联网带来的便利，尤其是价格透明化已经成为一种互联网经济发展的必然产物，而这也正是"互联网Σ"行动计划对于市场价格体系带来的影响之一。

"互联网Σ"行动计划作为未来互联网发展的趋势，其互联互通、信息共享的特征，让人们生活和工作中的信息都更加透明化。这也让商家的自主定价行为逐渐面临发展危机。而这个时候，也就是商家面临改革、转型的时候。他们往往会将价格体系透明化建设逐渐搬上舞台，从而成为"互联网Σ"时代推动价格体系透明化发展的主要助推力。

事实上，"互联网Σ"行动计划对于市场价格体系的影响，以及从而呈现出来的价格透明化的特征，也是基于传统市场价格体系中存在的弊端应运而生。

● 商家遭遇诚信质疑

在购买商品时，价格因素是很多人关注的重点，但是每逢节假日必打折的现象也让不少消费者心存疑虑——商家对商品的价格定位，究竟是基于什么制定的？

虽说价值决定价格，是商品流通必须遵循的准则，但价格不是市场决定的，而是深受市场影响。也就是说，商家的手里拥有一部分的价格决定权，进而为商家的"价格战"顺理成章地做好了铺垫。

然而，价格大战日益激烈，商家的盈利模式却备受挑战，商家的诚信度对于消费者来说也在日益降低，消费者对商品质量的信心也是大打折扣。

纵观商业市场环境，价格不透明、信息不对称，必然会影响消费者的信心，而这对商家长远的发展来说，有百害而无一利。因为伴随互联网的飞速发展，消费者获得价格信息的渠道更加广泛，对于商品价格的认知也更加深入。商家想要重新迎来发展的春天，破除不透明的价格体系势在必行。

● 阿凡达商城的明码标价

消费者一直在幻想：有一天市场上的商品价格可以透明化，商场上的利润黑洞不复存在，童叟无欺，明白消费，放心购物，将是多么美好！

或许在两年前，甚至是一年前，这样的幻想也许只能停留在幻想的层面，但阿凡达创造的商城，让消费者的幻想实现了，明码标价早已是一股不可逆转的发展趋势。

例如，在阿凡达商城，每款商品都有明确的结算价和商城价，标示的结算价是系统与商家结算的价格，商城价就是与消费者息息相关的实际交易价格。两种价格的明确标示，让消费者对中间商的盈利情况一目了然。

利润的公开透明，让消费者对阿凡达商城的一切在售商品都心知肚明，让消费者安心消费，舒心购物。

阿凡达搭建了全球的自动分销平台，打通了商家与消费者的通道，使全球互联互通、同步共享，真正地实现了价格透明的自动分销，颠覆了传统电子商务及传统地面销售的市场价格体系。

● 如何做到明白消费

商城实现明码标价之后，消费者就能做到明白消费了吗？答案似乎是肯定的，然而困难总是随着发展接踵而至。商家做到了明码标价，可是不遵守市场秩序的个别商家，还是会想出各种方法欺瞒消费者，你方唱罢我登场。

在实现价格透明之后，很多消费者不禁会问，商城让消费者看到的价格是真正的价格吗？我们又可以为保证价格透明的真实性做些什么呢？

1. 政府加大监管力度。

没有规矩，不成方圆。有法可依，方能实现行业的有序发展，所以政府必须给予足够的重视，立法势在必行。只有政府采取实际的措施支持，加大监管力度，细心培育正规军，对不法商家"动真格"，才能使其严格遵守行业标准。当然，政府想要完善价格透明的发展机制，就需要多方面考虑完善市场规则，从价格、质量、售后水平等方面着手考虑，对于藐视规则、假冒伪劣的不法商家给予严肃的处理。

2. 行业的自我监管。

所谓"师傅领进门，修行在个人"。政府的监管是宏观调控，想要减少混乱现象还得需要从自身出发，提醒商家自律。行业内可以通过奖励和惩罚机制，对遵纪守法的商家，通过评选诚信之星、十大诚信企业等手段，给予奖励。当然，对违纪违法的商家要严惩不贷。除了这些，还可以设立监督机制，商家之间、商家与消费者之间，互相监督，举报奖励，社会曝光，完善行业自律机制。

3. 消费者的明白消费。

价格透明的实行，最终还是为了保障消费者的权益，在政府和行业自制之后，消费者更应该从自身做到明白消费。消费者要重视自身的知情权，维护自身权利，保护自己。当自己的权益受到侵犯时，要坚决维护自身权利。

不得不说，商城的价格透明机制，是"互联网Σ"行动计划发挥的推动作用，尤其是在推动电商发展方面起着不言而喻的重要作用。

"互联网Σ"行动计划推动市场价格体系透明化发展，不仅是让消费者明白消费，明白自己购买的商品到底价值多少；还能够帮助企业突破利润黑洞，有效解决消费者对其不信任危机。

治国之道，得民心者得天下；治商之道，得信任者得天下；今后之道，得"互联网Σ"者，是为得"天道"。

消费分利：突破利益链条，支出即收入

当集 O2O 和 L2L 于一体的分利网盛行网络时，一种新的营销模式出现在了消费者的眼前。但消费者对于这种新兴的消费模式，也是褒贬不一。虽然打着"消费一次，分利一次"的旗号，但是很多消费者依然不买账，把它归为商家盈利促销的一种手段。

其实，消费者并不买账的原因，还是对分利消费的模式不了解。

● 消费分利的真面目

未来的营销方式，一定是参与式分利的天下，也就是所谓的营销分利，让支出变成投资，进而拉开消费与金融世界的革新序幕。

参与式分利的实质是消费分利，突破了生产者与消费者固有的利益链条，为消费者实现了新的盈利方式，支出即收入式消费。

然而，每当商家侃侃而谈分利消费的同时，总会有一些消费者在好奇观望，究竟什么是分利消费？商家为什么自愿将既得利益分给消费者呢？

商家向来是"无利不起早"，当然这次也不会例外。消费者的参与式分利，是商家在"互联网Σ"行动计划的引领下，打造的新式营销武器。消费者转战参与式生产，消费也是生产，实现了全方位链接的共同分享。这不正是"互联网Σ"行动计划所倡导的商业思维吗？

很多人也许会问，这不会影响商家的利益吗？精明的商家怎么会同意呢？

消费分利的营销模式实质是：分利营销精简了传统营销的过程，将中间的销售厂商去除，实现了从品牌直接向消费者流通的营销模式。省去中间环节，节省了大部分原本被中间商赚走的利润，这样品牌商家虽然分享一部分利润给消费者，但是其商家利润也是增加的。

也就是说，消费分利的本质是商家和消费者双重获利的营销方式。

● 消费分利的市场前景

"品牌——批发商——零售商——消费者"的营销模式，虽然存在了很长时间，但是其发展的弊端依然没有得到很好的解决：

1. 价格与价值的失衡发展。

无论是批发商还是零售商，都不可能单纯地推动商品的流通，而是要从中获利。以此类推，中间环节越多，消费者需要买单的价格也就越高。由市场机制影响的商品价格，让价格在围绕价值上下波动的时候，品牌商的既得利益却没有改变，而消费者的承受范围是一定的，过多的价格压力会减少品牌商的消费黏性。

2. 假冒伪劣产品层出不穷。

品牌的繁杂流通过程，给了不法商家可乘之机，尤其是品牌造假。对此，可以说是，低成本高回报，所以在利益的驱使下，不法商家往往会肆意破坏市场秩序，利用消费者的从众心理，欺瞒消费者。商家的唯利是图，消费者的随波逐流……各个层面都让假冒伪劣一路绿灯。

但究其原因，还是因为商品的流通过程过于繁杂。

3. 影响消费者的消费积极性。

上述内容中已经讲到，过多的商品流通环节无论是造成商品的价格过高还是假冒伪劣产品的盛行，最后买单的都是消费者，损害的也是消费者的利益。当然,就像物理定律中力的作用永远是相互的,人不会一次次摔倒在同一个地方。一次吃亏,就没有下次了。消费者对品牌的积极性就是这样被影响,品牌的影响力也是这样被逐渐消失的。

其实,举一个简单的例子就可以证明以上理论的正确性。一支普通的2B铅笔,生产商的生产成本也许只有1角钱,包括加工、管理等成本,但是批发商不会白白运作,他的获利加上成本,就使铅笔的价格增加了1角钱,使铅笔的价格提升到2角钱。当然,批发商的原则是大量出售,这也就体现了零售商出现的必要性。零售商也是要从中获利的,从而又增加了铅笔的价格。而零售商是分等级的,从省、市到镇、村,每增加一道流通程序都会增加铅笔的价格。

当这支普通铅笔流通到消费者手中时,原本仅仅价值1角的铅笔,已经被层层中间商"炒"到了5角甚至1元。此时,自动铅笔的性价比远远高于普通铅笔,所以普通铅笔也就丧失了大量消费者。

当然,普通铅笔的没落还与它没有及时与时俱进有关,但是流通过程中的繁杂同样也是其丧失消费群体的一大原因。

传统贸易方式发展的弊端,为新兴的消费分利模式的成长提供了肥沃的土壤。

消费分利,改变了传统的消费模式,打破了固有的商品流通环节,实现了"品牌——消费者"的消费模式,改变了消费链条长期存在的弊端。这也为其发展开辟了广阔的市场前景,成为突破固有利益链条,消费者实现消费投资的重要手段。

● "互联网∑"行动计划与消费分利

消费模式虽然随着互联网的发展也在逐渐发生着变化,但是其固有的消费模式却一直没有受到冲击。

中国经济迈入新常态,"互联网Σ"时代即将随之而来。相比以往的消费模式和发展途径,结合"互联网Σ"行动计划的特征和发展特点,其互联互通、人人共享、长期免费的特点,又会给消费分利模式的产生带来哪些影响呢?

1. 互联互通与消费分利。

"互联网Σ"行动计划提倡的互联互通思想,能够帮助消费者建立品牌思维,在最短的时间内传递商品信息给消费者,给了制造"假冒伪劣"商品的不法商家重重一击,让消费者在购买商品的时候更加懂得维护自身的权益。而这与"互联网Σ"行动计划的基本理念不谋而合。

很多人会问,那与消费分利的营销模式有什么关系呢?

固有的消费模式存在发展弊端,生产者和消费者作为一对矛盾体存在。生产者想要从消费者那里获得更多的利益,而消费者想要竭尽所能地维护自身的利益,这就造成了某些商家的不法行为和消费者对商品没有积极性,而想要改变这一现状,就要从根本上解决两者之间存在的问题。"互联网Σ"行动计划所提倡的"互联互通"恰好成为一剂良方,将生产者和消费者的利益有机地联系起来,形成"Σ"时代的独特的消费模式。即消费分利的贸易方式适应"互联网Σ"时代的发展特征,成为互联网发展大趋势下,与时俱进、顺应潮流的贸易方式。

2. 人人共享与消费分利。

"互联网Σ"时代,一定是为人类服务、为世界服务的时代。人人共享作为"Σ"时代的重要特征,一直体现在方方面面,比如阿凡达商城。虽然其是电商,但是消费者和生产商是"面对面"的,甚至二维码都是直通的,减少了中间环节,对互联网进行了淋漓尽致的诠释,形成了人人共享的共合局面。而人人共享对未来营销的发展,必然是"商家的就是消费者的，消费者的还是消费者的"，这也就体现了消费分利出现的历史必然性。

3. 长期免费与消费分利。

免费向来是一种竞争手段，就像奇虎360（以下简称"360"）率先实现了杀毒软件的免费，而其他软件商不得不紧随其后。从这个角度而言，免费成为了"枷锁"，让除360之外的软件商措手不及，而这也印证了360的免费牌打得响亮，取得了前所未有的胜利。

免费为360带来的是倾倒式的胜利，而在"互联网Σ"时代，免费必然会是一种发展趋势，而这与消费分利的营销方式息息相关。"互联网Σ"行动计划让免费成为时代的代名词，可是商家与消费者的利益链条想要发展，商品就不可能免费，而分利消费作为免费的替代品应运而生。

消费分利，打破了传统的利益链条，实现了消费者的支出即收入，变消费为投资的新型"免费"。这不仅顺应了"互联网Σ"时代的"免费"特征，还为市场经济的进一步发展寻觅了一条新的发展道路。

人人电商：突破创业困局，公开公平公正

在"互联网∑"时代，人人有网站，个个有商城。

每个企业在自己商城上投放的产品将自动在所有人的个人网站上互联、互通、同步、共享，产品直达用户，无需中间环节。依托阿凡达全球领先的裂变共享技术，通过整合B2B、B2C、C2C、O2O等电子商务平台，"互联网∑"时代将打造最高境界的电商模式——人人电商！

所谓"人人电商"，是指在"互联网∑"行动计划的引导下，整个电商体系突破传统商业模型，每个人都将在"公平、公开、公正"的原则下，拥有电商平台，拥有一个属于自己的网站。

与此同时，基于"互联网∑"行动计划的同步共享理念，如果每一个人都上传一个产品，那么任何一个人就会拥有全世界的产品。也就是说，"互联网∑"行动计划引领的时代，人人都有生意可做，人人都可以尝试创业、创新。

而这相比传统电商更加符合时代发展的趋势。

● 传统电商创业困局：低门槛，高死亡率

在互联网经济圈流行过这样一句话："创、活、淘宝。"这三个词主要指的是互联网经济时代，传统电商创业者不得不思考的问题：如何创办电商？如何在竞争激烈的环境下存活下来？如何面对像淘宝这样的电商巨头？

问题的背后透露出的是严峻的电商环境。为什么传统电商会遭遇创业困局？根本原因就在于大数据时代，电商创业的低门槛，吸引了大批年轻创业者加入其中，但在经营过程中又遇到了物流成本、供应链、资金、销售等问题，最终导致了传统电商行业出现了创业"死亡率较高"的现象。

1. 物流和包装成本过高。

困扰传统电商的一直是物流和包装的高成本。以大家熟知的天猫超市为例，购物满89元才能包邮，且重量要求限制在10kg以内。如果消费者购买总价值为99元的商品，一般每个订单约含有6件商品，那么物流成本将是多少？2015年申通配送政策是首重5元/件，续重的话是1元/千克，5kg包裹成本价需要8元，这还只是申通。假如使用COD宅配，每单配送成本则高达11元。

而消费者一般从网上超市购买的商品都是质量重、体积大，甚至还会有许多易破损商品，诸如玻璃瓶装的商品都需要另外再裹上一层防撞膜，所以，需要较厚纸箱包装。天猫超市对包装纸箱的要求很高，标准是能在纸箱上站人。这就意味着，每个订单仅包装箱加填充物的成本就需要消耗3元~5元，配送包装成本之和在14元~16元之间。很显然，对于商品毛利润率仅10%~20%的个人网上超市创业者而言，这样的成本是难以承受的。

2. 供应链的断裂问题。

2010年由金光集团上线的APP——大货栈，在运行一年后宣告停业。这个曾经与一号店并肩号称业界"网上超市双雄"的网络电商缘何陷入困境甚至停业？其主要原因之一就是"供应链"出现问题。很多消费者留言反映，在某些大货栈"经常挂出一些超低价货品，但支付后却时常无法兑现"，这又是何原因导致的呢？

我们可以从普遍性的个人网上创业窥见一斑。在个人网上超市运营初期，由于消费用户的不稳定性，网站初期每天的供应量与配送量很难达到精确预估。也就意味着在个人创业初期，资金紧缺的情况下，不可能建立完善的冷库、冷藏车等系统完善的生鲜配送体系。如此一来，个人开办的网上超市就只能简单售卖单一的农产品，这对于绝大多数网购群体来说，并没有太大的吸引力，久而久之形成恶性循环，关门歇业也是情理之中。

3. 电商运营推广成本过高。

之所以许多电商能够吸引年轻创业者的目光，就在于其大肆宣传的"免费或者低成本开店"的口号，并取得了不俗的营销效果。但是，真正了解过或者经历过开设网店的创业者都有一个共同的感受，即"网店的开设绝非想象中的免费，反而是需要花费很多钱去支撑其运营的"。可以这么理解，如今的电商拼的是"财力"。

那么，传统电商的成本主要有哪些呢？

以在淘宝开店为例，基础成本包含：1000元的消费者诚信保证金，升级一个旺铺模版30元/月。同时为了吸引客源，还需要升级店铺的等级，这就需要花钱"刷单"。动态成本主要包括：推广费用和人员成本。仅每年的押金和技术服务费便达到11万元~16万元。

因为竞争环境十分激烈，对于新涉足电子商务的卖家来说，只有加大广告宣传的力度，才可以让网店更快速地发展，从而获得更多的收益。

但实际情况是，对于大多数个人电商创业者而言，其本身财力十分有限，根本没有能力去做各种付费推广和广告宣传，并且这种广告宣传必须是密集、轰炸式的强度推广才会起到作用，这对于利润微薄、流量成本高的个人电商来说，运营难度可想而知。

4. 开设网店≠客源滚滚来。

一般情况下，人们在网上购物的习惯是优先选择那些店铺信誉高、产品销量好的商家。而这些优势对于刚刚进入电商领域的创业者来说是不具备的,也就是说,开店容易,吸引客源却是个难题。

所以,不少创业人员开设网店后,由于长时间无人关注,最后还是丧失了继续经营下去的信心,以至于现实中开设网店失败的数量一直居高不下。

● 阿凡达商城:人人电商,公平创业

在"互联网Σ"行动计划的引导下,"人人电商"的创业新概念应运而生。阿凡达商城就是"人人电商"的成功代表,它是集众人智慧建设而成的大型互联网超市,其商品数量无限增多,超越了所有传统实体超市。一旦创业者加入其中,即可将庞大资源转化成效益。究其原因,不外乎阿凡达商城基于"互联网Σ"行动计划实现了以下几个优势:

1. 通过代送、选购解决物流成本高的问题。

阿凡达商城有两个特有的盈利点:

(1) 代送。阿凡达商城可以根据本地区的销售数据,确定下个月的地区储存量。比如北京区域本月销售了5吨新疆红枣,新疆的卖家会提前把5吨红枣一次性发送到北京的物流中心。以往,发两斤红枣需要15元,而现在一次性发到北京5吨红枣平均下来每斤的运费只要几毛钱。然后,北京分公司可以自己联系物流公司,同城快递一单只需要3元~4元。

(2) 选购。未来的快递员在送货的时候,不仅仅送你购买的商品,还会搭配相同款式和不同颜色,或者相应的配件。比如用户想购买西装,阿凡达商城会再为你提供几双皮鞋、衬衫、领带等任意挑选;买口红会帮你把护肤品搭配好。也许你购买的仅仅是一件商品,但是如果你喜欢系统为你搭配推荐的其他商品,也可以一并购买。这也是只有阿凡达商城才能做到的。

这两个特有赢利点，无疑为广大初创业者解决了在电商领域创业时会遇到的物流成本和包装成本过高的问题。

2. 人人电商，公平就业。

从平台上来说，就业机会是公平的。阿凡达商城整个体系突破现有的商业模式，每个人都拥有电商平台，也都可以拥有一个自己的网站，而且是免费拥有。

从获利的角度来看，这个平台也是公平、公正和公开的。任何用户买任何东西只要消费积分达到1000分，即可享有"VIP"会员身份，获得自己商城每笔商品交易50%的积分，而且所有用户都是公平地统一作为总经销商。只需商家把产品放到网上，商城便会自动进行买卖了。正所谓"鼠标在手，全球互通"。

第五章
三商合一：物商、电商、云商

"互联网∑"与安全

安全，一向是关乎民生的大事。在互联网时代，如何保障人类的信息安全，以及如何保证人们能够获得安全信息，不仅是国家层面应该考虑的问题，也是每一个互联网公司的责任和使命。

● 人类面临的不安全因素

信息技术革命带来的不仅是更加便捷的生活方式，还有越来越不稳定的网络环境以及社会环境。

从现实角度来说，传统公安对于犯罪嫌疑人的追踪工作，通常采用"海报"悬赏等形式。这种形式仅局限于小的区域内，不能大范围追踪犯罪嫌疑人，还在一定程度上给了犯罪嫌疑人逃亡的时间。而信息革命，使公安系统变得"信息化"，使公安人员的工作观念和机制发生了改变，使更多富有创新意义的技术运用于公安人员工作中，警力利用效率获得了极大提高。

通过对DNA、指纹、基本信息等信息的录入，区域化的犯罪嫌疑人追捕工作变成了全省人民，乃至全国人民的共同"任务"。对于一些重大案件，尤其是高科技案件，基于公安部门对于"信息化"的利用，已经获得了比较明显的效果。现实中十分常见的"网上追逃""网上打拐""网上办案"等案例，已经充分说明了"公安信息化"的价值。

除此之外，交通领域也建立了相应的互联网系统。这个系统可以实现报考驾驶证，更换驾驶证，老年司机提交身体证明等环节都可通过互联网来完成操作。在便民、利民的基础上，也确保了信息的准确性和可查性，为文明驾驶、安全驾驶提供了保障。

然而，仅仅建立一个涵盖信息的系统，其实并没有完全释放互联网的价值。再加上很多人以公安部门的口吻散布信息，使一些无辜民众遭受不白之冤。近几年，社会上关于"反转新闻"的事件屡见不鲜，对许多无端遭受网民谩骂，甚至是人格侮辱的民众十分不公平。

在"互联网Σ"行动计划的指导下，公安系统信息化势必将步入新的时代。

从虚拟角度来说，在互联网领域，信息安全一直是人们诟病的一块。20世纪，信息安全经历了漫长的演变过程，在20世纪90年代得到了深化。进入21世纪以后，信息技术的发展更进了一步，随之而来的并不是愈加安全的网络环境，而是愈加突出的信息安全问题。

《信息系统安全导论》一书中介绍："信息安全主要包括信息的保密性、真实性、完整性、未授权拷贝和所寄生系统的安全性。"总体而言，信息安全的范围很大，如何防止商业机密泄露、青少年浏览不良信息、个人信息安全等，都是信息安全首要解决的问题。

而信息泄露对于个人影响并非仅仅是虚拟网络方面，现实中，不少人因为信息泄露遭遇骚扰，甚至上当受骗，我们每个人都或多或少接到过几个诈骗电话或短信，而随着近几年网购的发展，电话诈骗现象更加猖獗。

有过网购经历的人或许遭遇过同样的情况：接到陌生人电话，接通后对方询问你是否购买过某品牌产品，甚至对方能够说出购买时间以及型号，当你确认自己的确购买过产品后，对方会以"工作人员错误录入你的信息，导致你成为该品牌会员，每年要从银行卡扣除数百元或数千元钱"等虚假信息为借口，要求你查看银行卡信息。不少人因为轻信对方的话而损失了钱财，甚至引起小范围的恐慌。

事实上，这都是信息泄露而导致的恶性事件。由此看来，网络信息的不安全性引起网民的慌乱，也是必然之势。

"互联网Σ"行动计划的作用就在此刻凸显出来。借助"互联网Σ"行动计划，再加上在此基础上开发的新技术，我们将迎来一个更加安全、有效的现实世界和互联网世界。

●"互联网Σ"行动计划带来的冲击

究其根本，"互联网Σ"仍然是基于互联网进行的传统模式创新的一种新业态，那么"互联网Σ"行动计划对于公安系统信息化以及网络信息安全究竟意味着什么？

"互联网Σ"时代的特征之一是同步共享，其对破获刑事案件的意义也十分重大。在刑事案件中，案发一周内可以称为案件的"黄金侦破期"，在这一时间段内，作案人员由于刚刚作案，心理压力大，而且没有太长的时间用于逃亡，警方能够有效地掌握其信息。而同步共享，能够让这类信息第一时间公之于众，提高了案件侦破以及打拐的效率，可让群众实时、准确地了解犯罪嫌疑人犯罪信息。事实上，这也是保护普通群众，避免其遭受同样伤害的最佳方法。而且，信息的真实性，也保护了普通群众免于遭受污蔑，或遭受不法分子利用。

与此同时，通过对大数据的运用，公安部门能够获得更多有价值的信息，更好地服务群众，便于群众了解公安工作情况，进一步降低群众办事成本，提升公安部门服务水平，增加警民之间的亲密值。

而说到网络信息安全，这也是全社会、全人类关注的话题。国际上并不缺少关于网络信息安全的研究，投入力度很大，但似乎迟迟没有得到什么显著效果。

"互联网Σ"行动计划为改变网络信息安全带来了突破性进展。新的网络模式要求每一个参与者都实名认证，且在公安部门备案，确保了网络环境的"准入门槛"足够高。更重要的是，"互联网Σ"行动计划通过一系列的理论和实践依据确保了个人信息安全——每一个"互联网Σ"行动计划的参与者都是一个独立的个体，有效信息全部共享，但个人隐私全部共同保护，绝不外泄。

"互联网Σ"行动计划的根本目的是使个人信息不会受到内部、外部、自然等各方面的影响，确保每个人的信息安全，创造一个更加安全、舒适的网络空间。

扫以下二维码并申请行业协会网站，即可获得所有裂变网站交易利润的 2% 推广服务费。

以下是阿凡达关于安全方面的域名及二维码：anquan. 世界。

"互联网∑"与社交

毕达哥拉斯定理诞生之前，三角形三个边之间的关系一直是千年未解之谜，如今却是小学生都了解的简单数学命题。当未知变成已知，神秘感也就随之消失。所以，把握未来的新事物、新趋势，是抢占先机的重要手段之一。

互联网发展初期给人的感觉也是复杂且陌生，随着互联网普及，慢慢被人们熟知，已经成为人们生活不可分隔的一部分。所谓"长江后浪推前浪"，移动互联网技术的普及，使得"互联网+"对传统的社交方式也发生了影响。据全球社交营销代理机构 We Are Social 截止到 2015 年的权威数据显示：中国互联网活跃用户已达到了 6.68 亿人，而活跃的社交媒体用户更是超过了欧洲和美国的总和，达到了 6.75 亿人，其中移动终端的网民用户占总网民数量的 89%，达到了 5.94 亿人。

可以说，互联网及移动设备的普及化，带来的不仅仅是社交方式的变化，更会引起购物方式，甚至商业模式的变化。

● 当下社交平台及社交方式的弊端

不同于当年"铁肩担道义"的革命友谊，现在的年轻人的手机里，都会装有几个常用的社交 APP 来维护日常交际。问题是，随着社交网站及 APP 的大肆崛起，虽然社交成本大幅度降低，但同时也带来了以下一些问题。

1. 虚假信息泛滥。

对于个人而言，网络社交的虚拟化，导致个人虚假信息泛滥已经是不争的事实。小时候，我们总是被父母或者老师教育，要做个诚实的人，不要随意跟陌生人说话。长大后，我们更多的时候是在提醒自己，不要轻易相信网络上的信息。甚至也有一些人提醒自己"任何时候都不能诚实"，以至于大家在填写社交信息时，都已经习惯了"欺骗"。

对于社会而言，传递谣言、诈骗信息、垃圾信息太多，造成了有用信息没传播出去等一系列负面问题，而这些问题在微博、微信的平台上也逐渐显现出来。信息和新闻都具有社会舆论导向的功能，虚假的信息不仅伤害和欺骗了社会大众的感情，还会造成一定的误导，容易引起社会混乱。

这是因为社交媒体及网站只具备产生和传播信息的功能，却不具备纠错的功能。2016年5月份左右"魏泽西"事件持续发酵，向我们发出的警告是：无论是社交平台还是搜索引擎，虚假信息的泛滥程度都已经到了会伤害用户利益的程度。

2. 社交网站同质化严重，巨头垄断。

新社交平台爆发式出现，从而导致新社交产品同质化现象更加严重。我国很多的社交网站或者平台都是脱胎于"Facebook"，并没有开发出特色的功能吸引用户，造成了社交产品同质化严重。社交产品同质化，造成用户在同类型不同款的社交产品中频繁穿梭流动，导致单款社交产品规模效应越来越小、平台运营竞争压力增大、用户使用网站周期逐渐缩短、用户流失严重等问题。社交产品及网站同质化问题，一方面反映的是产品的问题，另一方面也反映的是运营和市场的问题，用户的来源和构成对于很多公司和产品来说是重复的。

如何能够抓住、黏住用户，从根本上满足用户需求，是所有社交平台都必须考虑的问题。

3.社交电商成新交易灰色地带。

"人生就像朋友圈,你永远不会知道身边的哪一个好友,会成为下一个代购。"打开微信,不知从何时起,每天发广告推销代购商品成了周围朋友必做的"功课"。在这股社交电商风潮下,微信朋友圈、QQ空间、人人网等社交网络平台成了他们的"商业战场"。在收获财富的同时,这些"代购大军"也面临着人与人之间情感的考验,以及法律的考验。

对于互联网用户利益来说,电商营销及消费者利益也受到了"虚假信息"所带来的伤害。社交网站的"免费"入驻,"不收取额外广告费用"的特点,让许多业余网店主感到十分开心,通过"社交圈"来推广自己的产品及海外代购,成为首选。与之伴随发生的是假货、A货横行,虚假宣传泛滥等现象,但是由于社交媒体的半实名制,以及对售假的处罚力度不够,更换账号售假牟利的现象依然存在。

由于存在巨大的市场需求,"代购模式"悄然兴起。但是,代购出现以后,由于涉嫌走私,出售假货、损害个人信誉的现象经常发生,因此代购很快陷入被指责的境地。对于消费者而言,社交电商的风险往往集中在商家信用、产品质量、投诉退货等环节。买卖双方具备"朋友"这一层关系时,一旦出现产品质量问题,就成了既损失钱财,又伤及感情的祸事。

● "互联网Σ"时代社交生态的商业价值

未来的网络购物不但具有"交易"属性,更多的具有"社交"属性。也就是说,社交化的互联网对商业模式最大的"篡改",在于将销售的商品"社交化",购物成为交往的"捎带行为"。

"互联网Σ"行动计划促进了"人人电商"时代的到来!尽管互联网

社交平台的发展更新已经越来越快，但是互联网社交仍存在一些问题，最突出的就是各个不同的社交平台无法互通。也就是说用户拥有同样的好友，但是想要从一个平台发消息到另一个平台，就必须同时拥有很多个好友账号，加上这些平台的信息是孤立存在的，需要用户多次登录和复制编辑重复的信息。

同时，许多社交平台并不愿意对自己的用户开放。因为网站页面访问点击的最大化才能维持其生存，运营商担心平台的开放化，会造成苦心累积的用户被其他竞争对手抢走。而"互联网Σ"时代则打破了原有的社交价值链，重构了社交生态下的商业逻辑。

1. 开放、分享精神衍生资本结构的开放及网民意识更开放。

互联网时代，人们越来越乐于把自己的生活、情感、朋友圈、技能通过社交平台公开分享在众人眼前。我们也逐渐习惯于通过连接彼此的社交关系，建立共同的社交圈子或者合作平台。

搜狗 CEO 王小川就曾在 2015 年中国企业领袖年会上指出："封闭和创新是一个硬币的两面，封闭会促进创新。而当一个公司创新力不足时，又需要用一种新的方式提高效率走向开放。在未来十年中国互联网发展态势下，主要是指资本结构的开放。"

尽管互联网早在 1.0 时代就具有了开放的属性，但因为文化、语言的差异，时常导致许多互联网企业的产品甚至比生产一件普通商品还要封闭。比如一件国产大衣和一件外国生产的大衣，我们都可以轻松感受到二者的区别，而天猫和美亚的差别，微博和推特的差别，大多数人不清楚，甚至根本不去注意。但是，现在的互联网企业还有网民，应该打破自满、封闭的状态，勇于创新，追求卓越。因此，从某种意义上来说，社交的开放和分享功能，势必带动新的经济增长点和新的商业价值。这无论对于个人，还是对于企业甚至整个世界来说，都是十分有利的。

2.构建全球社交圈，同步共享互联。

当今的互联网，是一座座"孤岛"，没有达到真正意义上的互联互通。人们想要登陆多个社交平台或者网站，往往会比较麻烦，需要多个账号。而"互联网Σ"行动计划则执着于"服务大众"，致力于通过提供高品质的免费网站建设与服务，为中国所有网民和网商解决个人网站和企业门户及商业交易平台建设中的各种问题。

尽管微博客平台已经推出了"微博通"，但从功能上来说还比较单一，仅仅是有效梳理了各个平台，尚不具备多平台的同号登录的功能。未来"互联网Σ"趋势下，随着 API 平台的技术升级，可以真正实现"同步共享互联"，实现多个平台的沟通交流。每个平台就好比一个家庭，所有的社交平台共同组成一个城镇，相互之间不再是"老死不相往来"的封闭状态，取而代之的是通过"互联网Σ"行动计划的引领，进行信息流的有效连接，彼此可以实现随机的交流。

以"互联网Σ"行动计划为基础，发展其核心技术的阿凡达，是"真正互联网"概念的首倡者及免费网站的提供者，并且将网站、商城、空间、博客、通讯、搜索、电子邮箱、即时通讯、产品推广、交友寻人等"真正互联网"的基础服务免费化。每个人都可以在自己网站上建立全球性的社交网络，与世界实现同步互联。这种互联不仅仅是交流方式的全球化，更是互联网经济时代"共享资源、信息""分享经济"的产物。试想一下，任何一个产品如果能够得到全球 20 亿网民的分享，那么它的用户群体会有多大，它的利润会翻多少倍。这不是梦想，阿凡达都可以帮你实现。

Facebook 的 CEO 扎克伯格在 2015 年曾对未来十年的社交网络有一个预测："首先，我认为，在未来十年，人们分享信息的多样性、在线社交时间以及社交软件的数量都会继续稳步增加。其次是即时消息与图片社交的使用频率升高，web 界面的使用频率降低。还有就是计算机的增强现实技术显著提高，社交软件会变得更加自然而然。"

这也是未来"互联网∑"行动计划引领的大趋势，社交用户将进一步升级，真正实现 O2O 的无界化连接；真正不受时间和空间限制，实现聚合、连接人群，同时把商业的主导权交还给消费者，这才是合理的未来经济发展趋势。

扫以下二维码并申请行业协会网站，即可获得所有裂变网站交易利润的 2% 推广服务费。

以下是阿凡达关于社交方面的域名及二维码：shejiao. 世界。

"互联网Σ"与制造业

事物的发展都必须经历"旧事物的消亡、新事物的产生"这一过程,制造业的发展亦是如此。随着云计算、互联网、智能移动终端、大数据等高端技术研发和产业化的进程的逐步加快,"互联网Σ"行动计划即将成为新一轮科技革命和产业革命发展的最直接推动力之一,正在改变传统制造业的生产形式、经营方式和资源匹配模式,最终将把传统制造业彻底改造为具有"互联网Σ"概念的新型制造业。

● 制造业发展难点

尽管在国家大力倡导下,我国的制造业已经开始向"互联网+"的方向转型、升级,也应运而生了一些制造业新模式、新业态。但是,实际应用的过程还是困难重重,并非一帆风顺。

1. 大多数制造业并不真正懂得如何实现"互联网+"。

我国有很多制造型企业对"互联网+"的认知存在一定的偏差。

一方面,盲目照搬其他行业的成功模式,忽视了制造型行业的特殊性,过分夸大了互联网的作用,最终以失败告终。

另一方面,"互联网+"加的到底是什么,许多制造型企业的经营者对此理解是有误差的。他们往往认为在网上做广告、卖产品就是"互联网+",而忽视了所谓"互联网+"本质上指的是把企业价值链互联网化、数据化。这绝不是表面上的通过互联网投放广告、卖产品,而是需要从企业内部管理、组织，到业务、团队建设等方面进行全方位的彻底改革。甚至很多制造型企业在经营决策上还停留在过去模糊、主观定性的决策方式上，而不是基于互联网时代的大数据科学决策。

这些认识偏差导致我国制造企业在应用时流于表面形式，忽视本质上的改变，往往过于急于求成，盲目转型，难以真正实现制造业的转型升级服务。

2. 互联网技术基础还很薄弱。

互联网技术的日新月异、快速发展，也给其融入制造业增加了升级维护、系统兼容、标准规范等方面的风险和挑战。

（1）互联网与我国传统制造业的结合，涉及到通信运营商、互联网企业、制造型企业等多个方面。由于各自对接入技术标准理解不同，再加上信息的互联、互通不能及时、准确实现。同时，整个制造业也缺乏对"互联网+"标准规范、业务流程、管理模式、知识经验等数字化能力要素，进行全面集成和充分融合的模式。这种情况下就极易形成"信息孤岛"，导致信息和资源无法实现真正意义上的共享。

（2）大多数服务商更愿意提供的是产品信息化研发与销售方案，但对于具体化的制造业企业缺少整体解决方案，对制造企业的客户化开发、软件系统配置和运行维护管理等整体服务缺乏热情。而这些整体服务，恰恰处于整个制造企业价值链的高端领域，在这些方面的服务环节支撑明显不够。

（3）公共服务平台尚未形成规模化，整体服务能力有待提高，可持续发展能力尚显不足，对我国制造业企业转型升级的整体支撑力度不够。

（4）全世界范围内计算机病毒、黑客攻击、系统漏洞、互联网窃密、虚假信息和互联网犯罪等问题频发，网络及数据安全面临巨大挑战，这给制造企业及整个社会健康发展都增加了一定风险。而我国互联网安全级别低，不仅研发能力有些不足，防范能力也十分有限，再加上互联网立法不完善，使得网络安全问题日益突出。

3.炒作"互联网+"，真正融入程度参差不齐。

竞争在一定程度上能够促进产业的快速发展，但盲目转型和布局则可能带来更多的隐患。政府应该支持"互联网+制造业"这类新兴业态的发展，但绝不能揠苗助长。从企业角度来看，尽管很多制造企业纷纷涉足"互联网+"，但融入的程度参差不齐，甚至于有些制造企业只是在炒作"互联网+"的概念，以此谋求特殊收益。制造业发展有其自身规律，不要指望着手持"互联网+"便可扶摇直上，"互联网+"本身并不具备促进产品升级和提高工作效率的"神力"。

如果想要增强企业核心竞争力，必须一步一个脚印练好"内功"，实现"内外兼修"。

● "互联网∑"行动计划直击制造业痛点

哈尔滨电气集团公司董事长斯泽夫曾说："无论过去、当下还是未来，制造业仍然是中国未来最主要的发展市场。制造业更应该利用目前的机会思考自己的发展模式，如何利用互联网的发展提升自己的水平。"互联网未来会和制造业产生什么化学效应？

1.大数据点燃互联制造。

阿里巴巴集团创始人马云在各种场合上宣称，"信息社会已经进入了大数据时代。大数据的涌现改变着人们的生活与工作方式、企业的运作模式。"马云还认为，"IT时代是以自我控制、自我管理为主，而DT（Data technology）时代，是以服务大众、激发生产力为主。这两者之间看起来似乎是一种技术的差异，但实际上是思维层面的差异。"也就是说，在未来"互联网Σ"行动计划引领的时代,大数据对制造业的影响不仅仅是技术上的突破,更是思维上的差异。

对于制造型企业而言,大数据将进一步促进企业内、外部服务的网络化,向着互联工厂的趋势发展。

2.充分带动产品的"信息化"功能。

一旦提及制造业,大家都会认为硬件产品的核心是各种零部件的生产。实际上,由于产品越来越数字化和封装化,零部件产品的生产加工技术的发展方向正朝着新兴国家市场转移。这就导致仅靠零部件生产获取利润的模式会使企业的生存变得难以为继。因此,未来制造业的发展趋势,除了更加重视产品的封装化和模块化,还要将零部件生产更加系统化,获取更多带有"信息化"附加值的零部件。

马云说过,"如果说过去20年属于互联网,那么未来30年将属于传统企业——互联网无疑将会为制造业的回归带来新的吸引力。"无论过去、现在还是未来,中国最主要的发展动力之一依然是制造业。制造业应该把握好"互联网Σ"时代带来的机遇,思考适合自己的发展模式,如何通过"互联网Σ"行动计划提升自己的水平。同时借助资本市场的"东风",转变制造业的传统运营理念,适应时代的发展。

扫以下二维码并申请行业协会网站,即可获得所有裂变网站交易利润的2%推广服务费。

以下是阿凡达关于制造业方面的域名及二维码:zhizao.世界。

"互联网∑"与服务业

人类社会经历了"逐水草而居",创造了以农耕经济为主的农业文明时代。一直到1776年,随着瓦特蒸汽机的发明,才进入了工业文明时代,发展到今天的后工业经济时代,无论是生产还是销售环节都强调"以客户为中心"的服务型理念。

也就是说,企业创造价值的核心在于"服务"。这更提醒我们,必须以"互联网+"作为发展现代服务业的重要手段,创造出新的服务形态,紧跟时代的发展,迈入"互联网+"的世界。人们常说:"站在风口,猪都能飞。"那么,同理可得,站在互联网的"风口",任何企业也都能顺势"起飞",实现转型和盈利。随着云计算、互联网、大数据等新技术的全面普及,这股"互联网的东风"已经吹动了所有行业。"互联网+"也已经全面渗透进了服务业,并对其产生了全面的影响。

"互联网+"时代,让众多传统服务业感受到"狼来了"的危机感。比如,仅凭短信和语音服务就能赚大把钱的电信运营服务商,过去的地位多么稳固,但是,当"微博""微信"相继问世,撼动了电信运营商独步天下的霸主地位,以前的优势成了明日黄花。有着同样遭遇的还有金融服务业,传统银行生存的核心业务"存、贷、汇",正在面临互联网金融,诸如众筹、人人贷等新型金融服务业的强势竞争。互联网凭借其灵活、多变的商业模式,实现了跨界组合竞争,充分发挥了"鲶鱼"效应,撼动了各类传统服务业的统治地位,正在对全行业格局进行重塑。

● 服务业存在的困难

哲学上讲,任何事物都具有两面性,正所谓"塞翁失马,焉知非福"。互联网技术的兴起,促进了商业模式的转变,很多服务型企业获得新的生机。互联网、云计算、大数据等新技术的出现,让服务站在了"最显眼的地方",高效、低成本、全方位的服务变得可行,可以说这是最好的时代。

但这也是最坏的时代。尽管服务业在新形势下取得了一定的发展,但同时还存在以下诸多问题。

1. 资金和人才的短板。

现阶段,我国互联网服务企业的融资渠道还比较单一,单纯依靠风险投资来支撑其发展。而且,互联网服务业行业内缺乏有实力的复合型人才。以互联网游戏产业的发展为例,据《2015中国游戏行业人才库报告》数据显示,中国互联网游戏行业从业人员仅占全球游戏从业人数的4.6%,人才缺口较大。所以,这就导致了国内很多互联网游戏同质化严重,尚处于模仿和直接移植技术期。

从资金方面来看,服务型小微企业普遍存在资金不足的问题。一般来说,服务型企业流动资金主要来源于银行贷款、民间借贷及自有资金等形式。但是造成服务型小微企业资金不足的主要原因是,没有可供抵押的固定资产,所以贷款就变得很难。还有一个原因是诚信机制缺失,也使得民间借贷融资举步维艰,因此,大多数企业靠的是原始资本积累。

2. 互动性差。

尽管涌现了大量像QQ、淘宝等这样能够满足大众通信服务和购物服务需求的网站,但是,缺乏对国内市场用户需求根本性的创新与变革。互联网服务业主要服务对象之一是网民，满足于网民的真正需求才是服务型企业价值之所在。但在诸如医疗、交通、教育等网民最关注的领域，却缺乏相关的互联网服务，这就大大制约了我国互联网服务业的发展。

3.创新力不足的问题严重。

不同于世界上其他各国互联网服务业的发展，我国互联网服务业的发展特点是以模仿性为主的微创新，进而形成了"大的互联网服务网站模仿美国服务创新，小网站又照搬大网站"的局面。这也造成了我国各类网站呈现"门槛低、易模仿、寿命短"的现象。

创新是提高企业竞争力的有效途径。创新力不足势必影响互联网服务业的长足发展。很多服务业经营者对于信息化建设，仅仅停留在"网上广告宣传""网上销售"的认识水平，对信息化投入很少，所以创新的科研成果就很少。

4.服务业产业生态无序化。

理论上来说，"合作"才能实现共赢。互联网时代也是一样的，无论是服务业同行之间还是跨行业企业之间，都应该"借力打力"，共享资源和效益，提供劳动生产率，共同承担风险，这样才能实现产业转型和升级，实现合作创新。

但是，国内的互联网服务业却是另一番景象。2009年奇虎360宣布其旗下的所有产品全部免费，触动了国内整个互联网杀毒软件业的"大动荡"。因为它的这一免费服务型举措打破了原有的盈利模式，一度被业界视为"公敌"。

企业间不能相互"借力"，更谈不上合作共赢，这种不良的产业生态，是不利于整个互联网服务业发展的。

以上的种种因素，严重制约了服务业借助互联网发展的脚步。

●"互联网∑"行动计划解决服务业发展困难

请记住，困难来临时，也意味着机遇的到来！服务业在"互联网+"转型时所遇到的困难，都能依靠基于"互联网∑"行动计划开发的新技术手段得以解决。

1. "互联网∑"行动计划促使服务整合化。

随着"互联网∑"的快速发展和全面普及，服务型企业与"互联网∑"的连接会变得越来越广泛，也越来越复杂化，单纯依靠互联网销售或者软件开发服务等将无法满足企业客户日益多元化和个性化的需求。为适应消费市场的变化、确立其市场地位，专业服务商将逐步对各类互联网应用服务产业链节点进行统一整合，最终向整合式服务商发展。

2. "互联网∑"行动计划促使服务日益规范化。

互联网时代，企业作为主体越来越多地参与到"互联网∑"从"虚拟"到"现实"的行动计划中来，无论他们是出于主动还是被动的原因，目的都是为了应对用户消费习惯转向互联网的变化。所以，企业正常运转的标配就必须包含"互联网∑"行动计划衍生的各类应用或者专业的服务项目等。也就是说，大众的消费需求，促使互联网服务业提供更多专业化、规范化、产品化、可快速应用及大规模实施部署的互联网服务。

尤其是那些规模比较大的传统服务型企业，更迫切需要与"互联网∑"行动计划相关的应用技术及高端人才，通过提供规范化的服务或者产品来降低其应用互联网的难度系数，这种需求将大大推动互联网服务业的规范化和产品化。

3. "互联网∑"行动计划促使服务大数据化。

微软CEO比尔·盖茨说过："信息流是企业的命脉，数字神经系统会使你以思考的速度经营商务，这是在 21 世纪成功的关键。"

确如其言，21 世纪的企业发展越来越凸显信息的重要性。未来的"互联网Σ"时代，特别是在其影响下的大数据应用，将会帮助服务型企业在低投入的情况下，实现利益最大化。也就是说，依托大数据的概念，通过基于"互联网Σ"行动计划研发的技术，对外采集和分析、挖掘消费大数据，对内收集和分析人力、资源、管理等各方面的大数据，可达到创新企业管理和提高营销效果的目的。未来的服务型企业的所有经营成果，都可以通过大数据的形式呈现出来。

以旅游服务业为例，通过旅客的行为、相关机构与旅游景点相结合，可以得出一个旅游方案，各参与方可以根据此方案做出决策，完成供给匹配。在线网站拥有大量的旅游相关数据。就此一项而言，已经在营销、服务等环节占据了优势。在"互联网Σ"时代，可以通过分析大数据预测指导旅游相关服务，提高整个旅游链上下联动，为游客旅游提供最优质的方案。这时候，互联网对旅游服务业的影响已经发生了质的飞跃。

"互联网Σ"时代服务的数据化将成为一种趋势，也是服务行业争夺市场的重要武器，而这主要还是依靠基于"互联网Σ"行动计划开发的平台工具，技术手段是其核心要素。

扫以下二维码并申请行业协会网站，即可获得所有裂变网站交易利润的 2% 推广服务费。

以下是阿凡达关于服务业方面的域名及二维码：fuwu.世界。

"互联网Σ"与传媒业

曾几何时,我们了解国家大事、社会热点还通过报纸、杂志,而互联网却在悄无声息的情况下,也深入到传媒业。毋庸置疑,随着互联网的全覆盖,以及各类社交媒体的层出不穷,类似报纸、杂志等传统媒体的经营受到了前所未有的冲击,可谓正在经历"脱胎换骨"般的变化。

简单说来,互联网的到来变革了新闻媒介和信息传播的方式,乃至于新闻内容的产生方式都发生了根本性的变化。社会上的每一个人都可能成为自媒体,同时也成为新闻的制造者和传播者。

● 传媒生态的变局

假如说媒体没有前途的话,传媒业以及媒体人的未来也将暗淡无光。实际上,老百姓对资讯的渴求从未像今天这样迫切,他们对新媒体的关注也超过历史上任何一个时期。面对互联网未来的新形势,新、旧媒体发生了怎样的变局?

1.传媒业内容、运作、商业模式的同质化现象比较严重。

以内容为例,很多网站上的新闻稿件雷同,抄袭事件频出,尽管文字表述方式或者侧重点可能有些不同。但是给人的直观感觉是,二者之间实际上并没有明显的价值差异。在其他很多方面也有同质化的现象——同质化的运作模式、商业模式等,是中国传媒业当前普遍面临的问题。

比如高考时间快到了,网站或者微信、微博上就会盛传有关《填报志愿》《写给高考后的你》《测测你离北大、清华有多远》的文章；七夕情人节快要到来时，就会有许多有关爱情的美文在"刷屏"……

2.受众群体面临市场的重新选择。

这点在平面媒体方面尤为凸显。据相关调查统计数据显示，城市居民在35岁以下读报纸的人超过了10%。但是随着网络的发展，报纸也逐渐退出了人们的日常生活。假若目前的传媒业还局限在"电视只做电视、报纸就做报纸"的状态，无法打破媒介介质形态的壁垒，在互联网重新定义传媒市场边界的时代，传媒业一定不会有广阔的未来。

3.过分强调形式，导致忽视内容。

近几年，我们也经常看到传媒业向互联网转型的例子，而转型的根本原因恰是防止被边缘化。但是，转型的结果却并不令人满意，究其原因还是过分把控新闻载体，而忽视了新闻最重要、最吸引人的内容。

有的传媒业把目光放在自身的闭门造车式"新闻策划"上，忽略了现实生活中来自群众的鲜活报道；有的传媒业则过分依赖专家学者话语的"权威性"，很少涉及民生和百姓的看法。事实上，正如马克思所说："报刊、杂志赖以生存的基础是人们的信任，没有这一基本条件，报刊业将萎靡不振。"无论传统媒体还是新媒体，吸引受众关注的核心依然是内容。

● "互联网Σ"行动计划为传媒业带来机遇

随着年轻一代在"互联网Σ"行动计划营造的环境中逐步成长与更迭，未来的新闻业连同其商业模式将如何顺应变化？以传媒类企业为例，传媒类企业与阿凡达的合作可以说是双方基于各自的优势，最终达成一致实现共赢。

1. 社群红利即将引爆带有"互联网Σ"行动计划影子的新型传媒生态。

"兴趣汇集、商业价值实现与沟通协作"是社群经济的三大主要功能。传媒业在一定程度上引导、聚合了提供信息资源的主体和使用媒体的主体，特别是垂直媒体在企业公关、品牌推广等方面有着直接的优势，可以在传统媒体的基础上将社群与经济相结合，即在原有客户的基础上，通过创新，改变传统的协作、沟通模式，让客户更积极地参与其中，提高客户黏度，激活分享经济与粉丝经济。

阿凡达所打造的平台是世界人民的平台，是世界产品的交易平台，拥有着世界人民的各项数据，可以为传媒企业提供虚拟网络的实物交割，实现虚拟与现实的完美结合。

通过阿凡达的全球互联网技术，能够迅速拓展传媒企业的业务，提高与用户的黏合性，从而全面提升传媒企业品牌的影响力，实现稳定、安全、高效、领先、超低成本、全球无限裂变、全球同步共享、全球大数据自动转化、全球自动分销的电商平台。

2. "互联网Σ"行动计划将助力媒体实验室的构建。

未来"互联网Σ"时代的媒体将把记者、写手、编辑、数据分析师、工程设计师、UI设计师等多种人才汇聚到一起，通过某个项目开展全方位、探索式、咨询式等不同类型的合作方式，打造全新的创新成果——媒体实验室。

媒体实验室将会把传媒业变成一个开放性的组织，并不断输入新鲜血液，助力众创共享。

传媒企业借助阿凡达平台，注册了自己的"传媒商城"，使品牌和商品得到了更快、更好、更全面的推广和销售。例如，在机场、火车站、旅游景点等，旅客在登录传媒企业的WIFI时，需要输入他的手机号验证，方可免费使用WIFI。当旅客成功登录的同时，他已收到该传媒企业商城裂变出来的属于旅客自己的传媒商城的信息，他们可以在传媒商城购物或者上传自己的产品或设计，其中利润的 50% 为旅客所有。因此，所有的旅客往往会把该传媒企业的商城当作自己的"主站"，时时刻刻都在关注与推广。这样高黏度的用户方能保障传媒企业久远与稳定的发展。

3. 多种媒体将进一步融合发展。

媒体的融合升级，先后历经了由电脑到移动终端，到全媒体渠道，再到内容生产、发布、推广、服务的平台融合和综合性云融合。未来，传统媒体与新媒体之间的主导地位将越来越模糊化，逐渐形成整个传媒业整合共同运营的现象。不同传媒企业之间的关系是"你中有我，我中有你"，这是一种水乳交融的状态，即传统媒体和新媒体在技术、运营、商业模式等多方面均实现深度融合。仍以传媒企业为例，尽管有些传媒企业在机场、高铁、火车站、汽车站、旅游景点、加油站均有其无线网络覆盖，可是它的真正价值与作用并未完全体现。而借助阿凡达平台，这些传媒企业将与其他媒体实现有效的资源整合，进而实现利益回报最大化，产值收益最快化。

4. 自动招商功能。

阿凡达可以为"传媒企业商城"网站开通空白区域的全球自动招商功能，阿凡达的全球会员都可以通过"传媒企业商城"申请该传媒企业在全球空白区域的代理权和经销权，这样可以极大地拓展"传媒企业商城"的销售网络和销售渠道，大大减低"传媒企业商城"的渠道销售费用。

"传媒企业商城"上的产品，是分布在世界各地的区域代理商和经销商自行上传销售的，阿凡达会通过独特的区域产品显示技术，把它们限制在"传媒企业商城"总部许可的区域里显示并销售，解决了传统代理商和经销商的"窜货"问题，确保终端市场有序稳健的发展。

"互联网 Σ"时代对于传统传媒业来讲，既是一种挑战，也是一种发展机遇。传媒企业与阿凡达的合作，可谓是为其他传统传媒业转型提供了发展方向。

  扫以下二维码并申请行业协会网站，即可获得所有裂变网站交易利润的 2% 推广服务费。

  以下是阿凡达关于传媒业方面的域名及二维码：chuanmei. 世界。

"互联网∑"与农业

从网易创始人丁磊养猪,到联想的"佳沃市集"布局农业,再到京东种大米……国家的政策红利催生了很多IT、互联网行业跨界"务农",让传统农业融合互联网的趋势愈演愈烈。

然而,如何让农业更好、更快速地发展,让农产品更加顺畅地流通,是我们现在亟待解决的问题。

● 农业不可割舍之痛

中国是农业大国,但并非农业强国,因为中国农业在发展过程中还存在很多问题。主要体现在以下几个方面:

1. 缺乏科学管理措施,现代化水平较低。

由于生态环境日益恶劣,以及我国人口众多等因素的影响,使我国农业形成了"土地资源分布不均,土地人均占有率及利用率低、农民收益率低"的现状。我国农业还处在产能低、耗资高的非控式发展阶段。和一些发达国家农业相比,我国在标准化、规模化等方面的农业管理水平还比较低,在生产之前缺乏合理的规划,在生产的过程中缺乏有效的管理,科学技术在向生产力的转化和利用上都不高,生产管理机制和作业体系的规范化都需要进一步加强。

农业生产的现代化程度总体不高,农业基础设施不完善,抵抗自然灾害的能力不足,有不少地方的农户还需要人工耕作,生产方式落后,对劳动力和自然资源造成严重浪费，限制了农业发展的速度。

2.技术水平落后、农产品附加值较低。

随着我国经济的高速发展，人们的生活水平日益提高，农产品的品质却没有达到消费者的期望。这就是由于农业生产技术不足，使得农产品自身价值难以提高。表现在农产品自身的特性指标上，如产品的大小、色泽、口感、营养含量、易运输性等方面，和一些发达国家的农产品相比，还有很大的差距。

3.农业市场信息闭塞。

农产品在产量方面，产量过剩的情况时有发生，严重制约着农业的发展。究其原因，在信息不足的条件下，缺乏市场引导，广大农户极易盲目生产。由于供求信息不畅，盲目进入市场，造成有些地方卖粮难、卖菜难，而有些地方粮价高、菜价高，甚至是没菜没粮卖，给农业市场造成巨大的风险。

由于农户缺乏市场信息，以及没有更广阔的销售渠道，使农户生产的产品，与市场需求严重不符，造成了产品的滞销。

4.产业结构不合理、竞争力弱。

产业规模小、竞争力低、大宗农产品之间发展不均衡等都成为我国农业发展急需解决的问题。如农产品与其他产业关联度低，加工产值较低，在发达国家农产品加工转化率大约能达到90%，但在中国只有40%～50%，在体制和质量上都与发达国家难以抗衡。传统农业发展的弊端，严重制约农业的转型升级，改革势在必行。2015年，国家出台了有关互联网与各产业融合的政策，让现代技术推动传统产业发展，形成新的商业模式。从农业发展的角度出发，互联网不但能够促进农业发展技术的提高，并且是提高农产品生产效率、降低流通成本和生产成本的重要方法。

农业改革的新模式

互联网在提高农业智能化、解决信息闭塞、调整资源配置等方面都起着积极的作用。

我国农业通过与互联网融合，农业信息化有了明显提升。在2015年2月3日中国互联网络信息中心发布的《第35次中国互联网络发展状况统计报告》中显示："截至2014年12月，农村网民占我国网民总规模的27.5%，达到了1.78亿人。"

与此同时，国家计划到2020年开通互联网的行政村比例将要达到98%，全国各级农业部门将建立起面向农户需求的农业服务平台，通过充分利用这些平台，有效地服务于农业的建设与发展。

中国农业通过产业规模化、科技智能化，提高了农业生产效率，接下来将主要通过加强操作智能化，借助大数据技术对传统农业进行改造。通过提高各环节智能化水平，更大程度提升生产效率，实现生产环境可以预测、生产过程可以控制、生产质量可以保障的局面，在一定程度上消除食品的安全隐患。例如，以计算机为中心，集成信息技术为一体，使农业生产更加标准化、智能化、自动化，有效地节省劳动力，提高生产效率和农产品品质，提升农作物抗击自然风险的能力。

近年来，我国不断加快农业现代化进程，在科学化管理运作、产能和降低成本方面都有了大幅度提高，再加上综合国力的迅速提升，我国已经能够赶上全球化农业发展的步伐。由于我国农业资源充沛，因此中国农业走向全球有着巨大的发展空间，关键是要选对方式、方法，而阿凡达无疑是一种强大的推动力。

1. 中国农业要想走向全球，需要有全球互联互通的系统平台和配套体制。阿凡达商城正是一个全球性的系统平台，可以通向全球的每个角落，每个企业都可以在阿凡达商城上建立全球农业信息，让农业信息与世界同步。换句话说，通过阿凡达商城，农业发展之路不但可以"走出去"，还能"引进来"，让农户及时了解世界的信息以及先进的技术，让采购者可以在自己的网站上寻找合适的采购源，让销售者可以广泛地发布信息，快速分销。

2.在信息交流方面，阿凡达的信息同步共享技术可以实现随时随地与全球互联互通。打破时间和空间的限制，通过全球信息知识的共享，可有效提高农业管理、农业资源、农业科技、农产品市场等方面信息的接收和传递，消除信息的不对称。

在提高农业生产的同时，阿凡达商场和产品供求市场实现了有效对接，可解决传统农业中因信息闭塞造成的农产品不足或过剩的问题，以及由于渠道不畅导致的产品滞销的问题等。在信息使用方面，阿凡达商城可以共享来自世界各地的先进生产技术、管理技术，并通过分析切实指导生产，让农业的生产更科学化、现代化。

3.在农业商业模式方面，阿凡达可建设农产品的电商平台，解决农产品的销售市场问题，缩减中间商环节，提高农产品的利润，促进农民增收。阿凡达可为每个农户免费提供网站，农户可以在网站上发布自己的农产品出售信息，也可以通过网站寻找农产品的求购商，真正做到足不出户把自己的农产品卖出去。另外，农具、种子、肥料等也可以在网站上购买。

4.在优化资源整合分配方面，阿凡达在一定程度上对生产所需资源进行重新整合分配，对各项生产要素，如土地、劳动、资本的分配都有合适的方案。

农业是近些年国家关注的焦点，阿凡达为农产品的销售、农村劳动力的转移、信息流通等，提供了一个综合性的服务平台，为中国农业"走出去"奠定了基础。

扫以下二维码并申请行业协会网站，即可获得所有裂变网站交易利润的 2% 推广服务费。

以下是阿凡达关于农业方面的域名及二维码：nongye. 世界。

"互联网∑"与影视

电影行业经常会创造出高额回报的"神话",《致青春》斥资6000万元,获得了7亿票房;1.02亿元成本的《西游·降魔篇》赢得了12.37亿元的票房;而《泰囧》更可谓是电影界低成本高回报的一个典型,投资3000万元收入却高达12亿元。

然而高回报也隐藏着高风险。电影大卖让很多投资者蜂拥而至,以为投资影视是一本万利,殊不知许多影视投资都是惨淡收场。

● 传统影视业亏多盈少

统计显示,2015年我国电影票房总额为440.69亿元,可是国产电影票房只有271.36亿元。表面上看,传统影视业一片繁荣,事实上由于成本持续攀升,产出和收入不成正比,导致盈利呈下降趋势。

"中国很多影视基金不敢投资有风险的影视公司股权,于是会选择表现比较好的导演、制作团队进行投资,但是这样的投资是一次性的,80%的投资项目是没有回报的。"陈少峰教授(北京大学文化产业研究院副院长)说的正是中国影视市场的现状——投资高、风险大、机会少。

据相关媒体报道显示,从2014年开始,阿里影业一度出现停牌状态,截至2016年6月30日,阿里影业亏损已超4亿元。阿里巴巴虽早就规划布局影视娱乐业,但"花了200亿,阿里巴巴仍然没有建立起娱乐产业的话语权",一度亏损让公众对阿里影业产生了质疑。

是什么造成了传统影视投资成功率低的现状呢？究其原因可以概括为四点：一是传统影视市场竞争愈演愈烈，电影受欢迎的方向已不再是以前的大众化，而是在向少数电影集聚，投资电影制作的风险不断增加，成功就会"暴赚"，失败造成"巨亏"；二是传统影视的制作运营成本持续攀高，为了保证投资回报更加安全，只有花大价钱聘用大牌明星、提升场景的效果，这就使得制作、发行成本不断增加；三是文宣部门对院线影视有着严格监管制度，运作周期长，从投资制作到上映回报中途容易受到政策影响；四是传统影视产业结构不完善，集约化程度不高，内部原有的规则难以被打破，从而造成了传统影视发展的瓶颈。

传统影视的市场遭遇已成定局，但相反的是，近两年互联网IP剧发展形势却是异常火爆，展现出了强大的生命力。

未来影视行业发展格局必会被互联网影视所打破。"我们并不看好传统影视投资，哪怕用再豪华的演员，再大的投资成本，都不一定能确保满意的回报，我们的兴趣点在于'互联网+影视'，从2014年下半年起，我就建议普通投资人对于传统影视基本上不要再碰了，现在只有互联网影视还存在新的机会。投资互联网影视首先在逻辑上讲，是选准了赛道，互联网影视相比传统影视，明显是一个质的飞跃和进步。"励道书院创始人何侨说出了影视的现状和未来"互联网+影视"的发展趋势。

● 让市场更懂你，让你也更懂市场

概括来讲，中国影视市场存在的问题是，影视内容与大众之间信息资源不对称，而传统影视与互联网相融合，形成全面开放、全球化的影视未来，从而可让影视企业更懂市场，更懂消费者。

1. 融合将是未来影视产业主要发展模式。

现阶段，互联网与影视产业的连接规模还比较小，盈利模式还比较单一，由于互联网技术的更新速度加快，互联网影视业的竞争更加激烈，并且日渐凸显增长分化的发展瓶颈。影视产业与互联网产业合作的方式需要通过硬性嫁接的方式来实现，在二者"硬性嫁接"的过程中排斥不合作的方式经常出现，给资源带来了极大的浪费。影视与互联网合理有效的融合，是影视行业未来发展的必然趋势。两者通过结合可以精准定位明星的粉丝群，实现精准推送，全方位信息覆盖。并且可以扩展筹资渠道，明确产品定位，准确地把握市场。

2. 由产业开放向全面开放转变。

产业开放性阶段不只是内部的开放，还要外部的开放，因此，以用户为基础的全面开放性互联网影视产业必将是未来发展的方向，即通过互联网与影视的融合，颠覆传统影视，形成一个影视生态链。

阿凡达商城系统恰好为影视运营提供了完善的服务渠道，使信息的传播推广、影视资金、演员选定等更加便利，给影视发展创造了一个全新的商业格局。

3. 全球化的发展趋势。

消费市场快速增长、全球资本合作、各国经济政策引导，以及互联网拉近全球用户消费体验，将合力促进未来互联网影视产业向全球化方向发展。

阿凡达从资金筹集到影视剧制作，再到产品发行都是通过平台运作、全球同步，可以提前购买电影票，而且这种购买方式是一种变相的投资。比如，你提前购买了100张电影票，花费40000元，在电影上映以后，你便通过阿凡达平台把票退回去，并可以得到60000元。多出的20000元，便是你作为投资人获得的一种回报。

阿凡达正在改变整个影视界，使得任何一部电影在开拍之前就有人投资，票可以提前卖。未来的电影不需要投资人，也不是几个人需要承担的风险，而是大众参与，精准定位明星的粉丝群，实现精准推送，准确地把握市场。

扫以下二维码并申请行业协会网站，即可获得所有裂变网站交易利润的 2% 推广服务费。

以下是阿凡达关于影视方面的域名及二维码：yingshi.世界。

"互联网Σ"与金融

1848年,马克思与恩格斯在《共产党宣言》中写下这样一段话:"一切固定的古老的关系以及被尊崇的观念和见解都被消除了,一切新形成的关系等不到固定下来就陈旧了。一切固定的东西都烟消云散了,一切神圣的东西都被亵渎了。"

用这段话来形容今天的"互联网"时代一点也不为过。

互联网刚刚兴起时,影响面主要集中在社交、游戏、引擎、门户网站等产业。而如今,互联网已经渗透到金融领域。

2015年,中国第三方互联网支付交易规模高达11.8万亿元,同比增长46.9%。由此可以看出,我国的"互联网+金融"产业已经进入高速发展期。

但是,任何新事物都会经历一个"被高估——被低估——缓步向前"的发展起伏期。尽管众多互联网金融平台的崛起,带来了更广阔的资金渠道,并极大提升了资金使用率,但是,我们不可忽视互联网金融增加了贷款风险。另一方面,e租宝、人人贷、宜信财富等互联网P2P机构纷纷因违规被处置,这反映出我国"互联网+金融"速配后的缺陷,也意味着它即将进入"被低估"的低潮期。

● 互联网与金融速配后的缺陷

互联网与金融业的结合,给传统金融业带来了一定的冲击。互联网金融凭借其低成本、支付便捷、准入门槛低等优势，替代了传统银行的某些业务。但在其迅速发展的背后，也暴露了许多问题：

1. 金融平台欠缺主动营销能力。

一般来说，传统金融企业采取的营销模式是主动营销。保险业就是最典型的"主动营销"，其手段包括发行海报、用传单宣传产品和通过视频、广告推广产品。

用美国著名管理学家彼得·德鲁克的话概括就是："企业的唯一目的就是创造顾客"。简而言之，主动营销的目的就是"主动出击创造更多客户"，同时开拓更广阔的销售市场。但是，不同于传统企业在互联网转型期会实施积极主动的营销策略，互联网金融企业还是习惯于被动"等客户找上门"。

问题是，客户不可能无缘无故地"找上门"，肯定会通过一些渠道，比如搜索引擎、友情链接、DSP、SEM或者朋友推荐等等，但这些领域恰恰是互联网金融欠缺的。也就是说，互联网金融的前期营销工作处于十分被动的状态。这就要求互联网金融必须将目光放到主战场，也就是互联网上来，通过完善互联网营销布局，包括提升搜索引擎布局、关键字布局以及利用流量数据分析用户价值等，以此解决主动性差的问题。

2. 金融业对大数据开发利用不足。

互联网时代，我们通过互联网可以轻易了解某个人的相关信息；而运用大数据，我们甚至连他想什么，将来要做什么都一清二楚。

也就是说，大数据指的并不是简单的数据叠加，而更多的是一种信息整合分析的过程，或者说数据分析的能力。所以，大数据也被一部分人称为"互联网＋金融的主要推动力之一"。

比如，截止到2015年年底，我国共有3844家P2P平台正常运营，但"浑水摸鱼"的平台也不在少数。仅2015年全年，我国就有950多家平台出现问题，涉及金额超过 3000 亿元。

为什么会出现这样的现象？根本原因就是互联网 P2P 平台同质化严重，对大数据的采集力度不够，对大数据的分析不充分，更无法开发和利用大数据。这也就不难理解，为什么国内只有阿里小贷和证监会能够成功利用大数据做风控，关键点就在于阿里小贷和证监会懂得如何运用大数据。

这也意味着，大部分人和企业对大数据的理解还处于"坐而论道"的阶段。

3. 第三方支付平台已经入驻银行核心业务，但存在诸多不足。

在技术方面，一旦零售业务量猛增，有可能导致核心业务受到冲击。另外，网络银行软件的随机应变能力远远无法满足现实需要。最重要的是，传统观念不重视高水平金融人才的"去留"问题，导致金融机构人才流失严重。这些因素造成了第三方支付平台入驻银行核心业务的桎梏。

互联网金融涉及范围更加广泛、业务更加多元化、风险更加难控制，所以现有金融监管存在一定程度上的缺位。尽管互联网金融业飞速发展，极大地推动了传统金融业的发展与改革，但是互联网金融所带来的风险比传统金融更复杂。

●"互联网Σ"解决网络金融的问题

时代决定命运。我们生活的时代决定了每个人命运的走向，想要预见未来，除了具备想象力，还要回溯人类发展历史，对人类发展轨迹有深刻的理解。这就要求我们必须跳出固有思维，才能够站得高看得远。

在互联网领域享受至高地位的比尔·盖茨曾断言："在互联网的冲击下，传统商业银行将是 21 世纪灭绝的恐龙。"招商银行行长马蔚华也指出：

"以 Facebook 为代表的社交网络，将威胁到银行生存的根基——存贷中介功能。"阿里巴巴主席和首席执行官马云更是豪言："将用互联网的思想和技术改变存贷模式，重建整个社会未来的金融体系。"

这些人的言论，向我们证明：金融领域即将发生巨变。回顾金融业的发展历史，任何一次历史变革，都离不开科学技术的创新。面对"互联网＋金融"的种种问题，"互联网Σ"行动计划引领潮流的形势下，金融业也必将迎来新的发展契机。金融业的发展契机可以体现在以下几点：

1. 大数据直接使用、吸收转化。

通过"互联网Σ"行动计划，金融领域将构建全新的网络体系，直接运用大数据分析和识别客户群，并对其进行分类。同时，根据大数据对客户群的搜索偏好、趋势进行总结、吸收和转化。

这将直接改变金融行业发展趋势，有助于金融企业加强对客户的了解，并提升营销效果。

2. 用户的高黏度。

想要获得更多用户，就必须提升"用户黏度"。好比用户和网站或平台谈一场"恋爱"，用户越投入，就越喜欢你，也越爱"黏着"你，从而提升网站或平台的用户数量和忠诚度。

基于"互联网Σ"开发的"无限裂变"技术，能够在短时间内建造无数个独立网站，且这些网站将以个人姓名为网址和账号，保障网址不被用户忘记。这正是从人性出发，颠覆了传统金融创造客户黏度的方式。

3. 突破现有技术，自动、免费推广。

基于"互联网Σ"开发的"自动推广"技术，使产品能够自动、免费向大众推广。

无论是互联网"触电"金融业，还是金融业即将走向"互联网Σ"时代，只要我们生活的时代在改变，就势必会被卷入这场"互联网Σ"引领的金融浪潮中，并时刻感受它给人们带来的变化。

  扫以下二维码并申请行业协会网站，即可获得所有裂变网站交易利润的2%推广服务费。

  以下是阿凡达关于金融方面的域名及二维码：jinrong.世界。

"互联网∑"与内容

中华民族有着五千年的悠久历史和灿烂文化,文化已经深深根植于每个中国人的心中。

文化传播经历了口口相传、手工抄录的过程,如今互联网和移动终端的普及,让文化长河更加汹涌澎湃。互联网成为文化传播的平台之一,让文化传播更加便捷的同时,也拉近了全世界人民之间的距离。

所以,面对层出不穷的互联网和移动互联网平台,将内容产业"带上道"并非一桩难事。在"互联网+"的带动下,越来越多的人重新拾起书本、报纸,更多年轻人重新走进话剧院、电影院。

尽管很多人已经身处内容产业之中,但所谓"内容产业",并不一定是指各种媒介上所传播的纸质印刷品内容(主要包括报纸、书籍、杂志等),音像电子出版物内容(电子游戏、联机数据库、音像制品等)、音像传播内容(电视、录像、广播和电影)、用作消费的各种数字化软件等都属于内容产业。从数量上来看,内容产业的主导产业是视听传媒业。

但是,互联网对内容产业的渗透主要是从文化产业和数字娱乐产业开始的。也就是说,内容产业更深层的领域,还没有被开发到。

● 内容产业的现实问题

互联网对内容产业的渗透,虽然成功激活了信息消费和文化消费,也带动了游戏、影视、动漫、出版等内容产业的发展,但仍存在一些无法回避的问题。诸如以下问题：

1. 缺乏优质的原创内容。

"信息的丰富产生注意力的贫乏，只有优质的内容才能吸引更多的注意力。"正如这位诺贝尔经济学奖获得者赫伯特·西蒙所说，无论是传统内容产业，还是新形势下的内容产业，只有原创、优质、有价值的内容才能赢得市场。

而在这一领域，我国表现令人堪忧。以大家熟知的综艺节目《奔跑吧，兄弟》来说，尽管已经开播三季，但其电视版权却是花高价从韩国引进的。近年来，我们喜闻乐见的娱乐节目，诸如《爸爸去哪儿》《极限挑战》《超级女声》等，其实都是我国从国外高价引进的。

另外一组数据统计称，从2004—2015年，国内电影票房每年以30%的速度持续增长，但国产影片在海外市场的票房频频"遇冷"，究其原因，在于海外发行渠道稀缺，以及国产影片海外发行营销手段受限等。

与此相比，欧美等发达国家却凭借优质的原创内容，在国际市场取得了绝对的优势地位。以美国为例，全世界约有75%的电视节目出自美国，美国每年向其他国家发行电视节目量高达30万小时。好莱坞每年拍摄电影的数量虽然只占全世界影片总数的7%，可是其全球总放映时间却占了一半以上。

这样的差距，造成了我国影视产业与美国影视产业之间不可逾越的鸿沟。

2. 互联网盗版问题严重。

除自身因素外，内容产业的发展还受到互联网盗版问题的严重制约。首先，网站获得用户流量需要依靠优质原创内容，并以此实现正常运营。而互联网的"复制"及快速传播性，使得盗版成为"人人皆可为之"的行为，盗版内容的横行使正版网站无法达成预期的用户流量，导致其依赖广告和相关增值服务的盈利模式受损。其次，网络盗版技术不断提高，正版网站即使花费巨额成本用以维护正版内容，也无法有效阻止版权内容外泄。再加上我国对侵犯他人版权的处罚力度不够，没有统一、明确的处罚和赔偿标准，使版权方面的问题日益突出。

3.传统内容产业对"互联网+"开发力度不足。

互联网时代的到来，使各行各业都经历着新技术带来的"阵痛"，传统内容产业亦是如此。例如卓越亚马逊通过免费阅读、在线购买、浏览存储等功能，给了传统书店和传统出版业迎面一击。但是，我国内容产业的互联网转型之路，都是从互联网产业开始，缺乏主动"拥抱"互联网的勇气和力度。

内容产业本是一个完整的产业价值链，但是我国目前没有一家平台能够完善这条产业链。这意味着，内容产业未来的发展必须基于内容创新，甚至是商业模式的创新。

对于瓜分国际市场，我国内容产业不能如此消极对待，而应该积极应战。

"互联网Σ"时代的到来，似乎向我们诉说：内容产业的春天来了！随着投资机构转型投资内容产业，再加上政府的大力支持，饱受"摧残"的内容产业终于迎来了久违的"甘霖"，转型势必会带来新的发展机遇。

●"互联网Σ"带动新一轮内容产业发展

腾讯CEO马化腾曾说："我们现在的定位很清晰、也很简单，就做两件事情：第一就做连接器，通过微信、QQ通信平台，成为了连接人和人、人和服务、人和设备的一个连接器。我们不会介入到很多商业逻辑上面去，我们只做最好的连接器；第二我们做内容产业，内容产业也是一个开放的平台。"

所有会产生巨变的事物，都会让人充满期待和兴奋。而"互联网Σ"时代的到来，势必给内容产业带来巨变，促进其新一轮的发展。"互联网Σ"行动计划对于内容产业的影响可以总结为以下几方面：

1. "互联网Σ"时代，大数据引爆内容产业新生态。

霍元甲真的是十几亿中国人中，功夫最好的哪一个吗？正所谓"高手在民间"，因此这个答案并不是一定的，关键在于，我们是不是能够及时获取相关信息，从而了解这一事实。

这就要考验我国信息传播平台。基于"互联网Σ"行动计划打造的信息传播平台，能够让所有人共享好的东西，减少我们学习新事物时走弯路的机会。云计算、移动宽带、智能终端等技术的发展越来越成熟，个性化的"个人门户内容"慢慢涌现，其页面甚至可以随地点、天气、时间的变化而自行改变。比如：上班时，内容网站的首页就会与工作相关；旅行时，内容网站的首页就会与旅游地有关。

这其实得益于大数据的运用。这些所谓大数据的核心就是每个用户的"数字DNA"，它将用户的所有信息、数据汇集到一起，并根据用户的需求，给予用户最适合、最满意的服务

这种采用数字DNA技术的个人门户网站，真正实现了不限时间、不限地点、不限终端、不限网络，只要通过"数字DNA"认证，用户就能够进入属于自己的私人门户网站，真正做到"三屏统一"，实现网络和服务随人而动。

2. "互联网Σ"将迎来泛娱乐IP时代。

IP是英文"Intelectual Property"的缩写，直译为"知识产权"。它代表了创意被群体接受，并形成固定的"粉丝群"以及有知名度的品牌效应。IP能够帮助内容产品更快速抢占市场，同时还可以衍生出更多产品从

而绑定更多客户群，实现高黏度。

马克思在《资本论》中曾指出："价值是劳动者创造得来的。"而对于当下，内容创意呈现大爆发的状态。在这个领域，好的想法成了核心部分。

虽然"互联网＋内容产业"已经经历了成长之痛，但是想在未来的"互联网Σ"时代崛起，还需要一定时日。尽管如此，我们仍可以预料，未来几年中"互联网Σ"将与内容业实现更深层的磨合、融入，也必将展开新的资本运作。

二者的结合究竟会产生什么剧烈的化学效应？且让我们拭目以待。

扫以下二维码并申请行业协会网站，即可获得所有裂变网站交易利润的 2% 推广服务费。

以下是阿凡达关于内容方面的域名及二维码：neirong.世界。

"互联网Σ"与社区服务

社区发展至今，其管理手段、能力和方式都有了显著变化，对服务信息化的要求也在与日俱增。与此同时，居民需求与社区服务应用能力之间的矛盾逐渐增多。但是，社区作为现代城市的"细胞"，发挥的作用正越来越重要。

社区服务朝着越来越精细化的方向发展，社区管理和公共服务工作也逐渐深入，其发展对信息资源的要求也越来越高。

随着社区信息化趋势更加明显，想要优化社区服务、整合社区资源、提升居民的生活质量及城市文明度，最有效的方法就是优化社区服务。

● 社区服务

"社区服务"的雏形在很久之前已经出现，伴随着社区建设持续推进，一个多内容、多层次的网络系统组织逐渐形成。

当然，社区服务的日益完善与经济飞速发展、生活方式逐渐转变、就业形势丰富多样等有着密切联系。这也意味着，社区服务将承担越来越重要的社会使命。

社区服务逐渐向社会开放，代表现在社区服务更广泛的发展，但我们不禁好奇，社区服务的发展现状究竟处于何种境地？

通过以下几点论述，我们能够对社区发展的现状有了更加清晰的了解：

1. 日趋丰富、完善的社区发展内容。

随着社会的进步，集家政、物业、咨询、健康于一体的综合服务体系已经建立，使广大居民的物质生活和精神生活得到了更多保障。社区服务的内容在不断拓展的同时，服务对象的范围也在逐渐拓宽，从妇女、儿童、老年人到残疾人、青壮年和优抚对象……社区服务正逐步走向完善。

2.服务设施建设逐渐完善，网络应用逐步扩大。

社区服务站和社区服务中心的建立，以及各类服务设施的完善，使社区服务发挥了不言而喻的重要作用。而初具规模的社区服务网络，更将为社区服务的企业、人员广泛联系起来。各居民委员会的服务网络有机地联系起来，形成了区、街道、居委会三级社区服务网络。

更重要的是，在设施和网络不断发展的形势下，社区服务发挥的作用也与日俱增，不仅为一部分下岗、退休人员解决了再就业问题，也为维护社会稳定发挥了重要作用。

社区服务虽然还在不断向前发展，但是对于进一步的发展，还要寻找更好的发展契机。例如，通过观察西方发达国家的城市服务设施供给建设，能够对我国的社区服务建设提供极大的启示。在西方发达国家，社区服务的参与者是"多元主体"，包括政府、市场、个人及第三部门等。这样多元化的模式，更利于社会资源价值得到充分发挥。而政府的监管作用，在其中也不容忽视——政府作为多方利益的协调者，可以促进社区服务的有效运行。除此之外，政府的财政支持对社区服务建设的作用也极其重要。

● 互联网与社区发展

社区服务的网络建设虽然已经取得一定进展，但是随着互联网的飞速发展，社区发展的新时代即将开启。

在这个新时代，互联网与社区发展又会擦出怎样的火花呢？我们不妨看看以下两点：

1. 社区线上商城。

无论是O2O、B2B、B2C还是O2B，这些线上交易的商务模式日益受到人们重视和欢迎。无论是"想吃水果"，还是"需要饮用水"，只要到社区服务的网上商城点击选择就可以"送货上门"。这是许多人梦寐以求的事，随着线上贸易的发展，这样的生活已经走进很多人的家庭。

社区服务结合线上与线下的方式，为社区人民提供了更加便捷的生活。而这样周到的社区服务建设，离不开互联网技术的支持。例如，有关社区的线上服务，其实还可以有多种模式，包括线上诊疗、线上家政、线上超市、线上餐饮等。

这仅仅是"互联网Σ"时代社区服务发展的开端，后期还有更多惊喜值得大众期待。

2. 社区信息共享。

互联网服务与人们生活之间的联系性日益加强。相比传统的社区服务来说，一旦信息闭塞，也会对其宣传造成一定影响。

在"互联网Σ"时代，信息同步共享作为时代特征，也将被及时应用到社区服务中，进而实现社区信息的及时传达与共享。这样的共享手段，免去了通过传统渠道发布消息的工作，更摆脱了信息传递不到位的局面，只要有网络，居民能够随时、随地了解社区动态。

互联网带来的便捷不可小觑，利用互联网打造的社区服务新模式同样令人期待。

● 阿凡达的便民服务站

为响应互联网发展大势，顺应社区服务互联网化的发展动向。阿凡达的社区服务也独具匠心，成为真正实现"互联网Σ"行动计划引领下的新型社区服务模式，同时也是国家全民信息化工程的重要组成部分。

在阿凡达的"裂变共享"技术支持下的"阿凡达O2O便民服务站"，是"互联网Σ"行动计划的发展形势下，社区与O2O的线上商务模式的结合。

阿凡达的社区服务站吸取O2O等线上商城的优势，整合线上、线下资源，围绕社区生活，为消费者、商家提供了更便捷的服务，实现了"最后一公里"的配送，真正做到了便民、利民、为民。

阿凡达的便民服务站与传统的社区服务相比，其服务的信息化特点更加明显。尤其体现在以下几点：

1. 省事：距离短，步行5分钟~10分钟便可到达。

2. 省钱：厂商、农产品直接与消费者面对面交易谈判。

3. 省心：服务在身边，让居民生活无忧。

阿凡达O2O便民服务站以社区为大本营，秉承"以人为本、服务社区"的理念，以整合线上到线下资源及社区周边服务信息为切入点，搭配家政、物业等社区增值服务，为居民提供更加便利的生活环境。

从阿凡达的便民服务站我们可以看出，社会在发展、时代在进步，人们的生活方式想要真正实现网络化，"互联网Σ"行动计划引导下的社区服务建设才是正道。

扫以下二维码并申请行业协会网站，即可获得所有裂变网站交易利润的2%推广服务费。

以下是阿凡达关于社区服务方面的域名及二维码：shequfuwu.世界。

"互联网Σ"与社区超市

近两年，我国大型零售业出现了"闭店潮"。据统计，2015年上半年，我国大型百货超市关闭数量超过100家。尽管在2016年上半年，这一数字已降至41家，但我们仍无法忽视问题的严重性。

然而，在传统大型百货超市遭受市场挑战的同时，社区超市却表现出迅猛的发展势头，一些企业也开始调整主战场，向居民区转移。有专家称，这也只是社区商业进程的前期阶段，在发展成熟之际，社区购物中心有可能会成为市场的主角。

● 未来要始于当下

未来的社区超市或许可以成为真正的市场主宰，但前提是必须从当下开始打好基础。令人无法忽略的是，现阶段社区超市仍存在一些不足之处：

1. 商品品种不够全面，流动性差。

通常情况下，社区超市规模较小，往往只能销售居民日常所需的用品，很难做到品种全覆盖、全面满足顾客的需求。另外，社区居民数量固定，顾客流动性小，从而减弱商品的流动性，这也是导致商品不齐全的原因之一。

2. 数据系统不健全。

社区超市往往忽视了数据系统的建设：一是对产品数据系统建设的不

重视，使超市对商品的管理效率低下，导致商品库存积压，甚至损毁；二是对顾客管理数据的建设，大部分社区超市对顾客数据并不重视，导致顾客忠诚度偏低。

3.附加服务不足。

社区超市附加服务在给予居民便利的同时，还可以带来不少利润，但社区超市自身条件存在不足，再加上一些复杂手续的限制，很难满足一部分顾客的高层次需求。比如，不少社区超市缺少即食食品加热、送货上门、代收电费网费、预售火车票飞机票等附加服务。这些服务的缺失，也在一定程度上减少了客流量。

4.对购物环境建设的重视度不够。

建造一个良好的购物环境，保证商品摆放整洁，以亲切的态度为顾客服务，满足以上三个要求才能让顾客放心购买。否则，就会对消费者的心情造成直接影响。

社区超市以灵活、便利、投资少、见效快等优势在社区兴起，但由于传统运营模式的不足，对其进一步发展造成了阻碍。

当然，任何事物都有两面性，社区超市有其优势，也有其不足之处，需要在变革中不断完善，在发展过程中寻找更适合自身发展的途径。

● 发挥社区超市更大的作用

"互联网Σ"行动计划的目的始终是坚持为全球人类服务，社区超市的发展自然与其相契合。最为关键的是，"互联网Σ"行动计划衍生的众多模式，可以为社区超市的快速发展壮大提供有力支持。

在阿凡达的电商平台上，每个超市都可以与商圈内的用户互动，与供货商同步。不但如此，阿凡达扩散了社区超市服务的范围，在为居民带来便捷生活的同时，为社会提供更多帮助。

以社区超市与阿凡达合作的实际经验来看，首先，两者有着"慈济天下，造福全民；兼容一切，合作共赢；救助社会困难群体；服务全民，共创价值"的共同愿望。其次，社区超市与阿凡达合作，能够更好地服务于人民，服务于社会。两者合作的优势主要包括以下几点：

1. 社区超市与阿凡达合作可以实现共赢。

阿凡达一直提倡"真正互联网"，其拥有的实名会员已突破数亿人，未来通过裂变技术，这一数字将突破几十亿！社区超市可借助阿凡达平台，注册自己的"社区超市商城"，让社区超市的品牌和商品得到更快、更好、更全面的推广和销售。例如，社区超市希望能把其商品销往全世界，更希望有更好的销售渠道，那么社区超市就可以将产品照片与信息传到"社区超市商城"，此时全球2.9亿阿凡达会员都能够看到其产品。

阿凡达还可以为"社区超市商城"开通空白社区的社区超市实体店的全球自动招商功能，阿凡达的注册会员可以通过"社区超市商城"申请加盟，成为全球空白社区的社区超市实体店，全球2.9亿阿凡达注册会员都能够成为社区超市的分销商，只要卖掉社区超市的任何产品，就能获得产品利润的20%，从此成为社区超市的忠实分销商和客户。社区超市也将得到更快、更好、更全面的发展前景。

2. 社区超市可以通过赠送商城给所有的社会困难群众，助其实现就业和创业。

假设，一名王姓先生是一位失业困难户，既没钱做生意，也找不到工作，那他可以借助"社区超市商城"实现再就业。他只要在"社区超市商城"网站注册会员，就能获得"社区超市商城"免费送给他的商城，从而不花一分钱代理整个商城的商品。而且，他卖掉商城上的任何商品，都能获得商品利润的20%。

从此以后，王先生就是社区超市的忠实客户，他可以帮助社区超市做更多的事情，也有能力去帮助那些社会上困难的群众，包括城乡低保户、高于低保标准的边缘户和因突发事件造成生活困难的其他居民，为国家、为社会带来更多正能量。以此复制，社区超市将会拥有越来越多的忠实客户，企业品牌和产品也将得到最大推广。

3. 阿凡达为"社区超市商城"线下社区超市实体店提供补贴。

阿凡达秉承"大爱天下""为全人类服务"的经营理念，集社区超市的社会责任于一身，可提供社区超市的线下实体店裂变网站交易利润的1.5%，及线上交易产品利润的20%的服务费，帮助线下实体店实现持续经营，获得最大的收益回报。除此之外，它还将全球裂变网站线上交易总利润的30%均分给社区超市线下实体店，让社区超市的社会困难群众得到稳定的收入，将社会责任做到实处，真正做到慈济天下，造福全民。

"互联网Σ"行动计划下的阿凡达与社区超市相结合，已经不单单是便利了社区居民的生活，更为帮助社会有需要的人打通了渠道。

扫以下二维码并申请行业协会网站，即可获得所有裂变网站交易利润的2%推广服务费。

以下是阿凡达关于社区超市方面的域名及二维码：shequchaoshi.世界。

"互联网Σ"与房地产

一般来说，下棋时讲究"先发制人"，商业竞争中亦是如此：在竞争对手持"观望态度"时，谁第一个进入到新领域抢占新市场，谁就可以独领风骚！

"先发制人"只是一种商业策略，并不意味着是终极目标，真正重要的是未来发展的趋势是什么。

作为新兴企业，尽管能够把握未来行业走向，成为"第一个吃螃蟹的人"，但是吃得最多的不一定就是你，反而是顺应时代趋势，能够在某个领域取得几年甚至几十年的垄断利润的企业，才能成为最后的赢家。所以，想要在市场竞争中赢得最后的胜利，就必须先研究现在市场存在的缺陷。

众所周知，几年前房地产行业可谓是"黄金行业"，几乎所有人都对这一领域"垂涎三尺"。当时，房地产行业的人员薪金一直处于领先水平，国内大部分富豪都出自房地产行业。在房地产行业经历了"拿地——建房——卖房"这一传统商业模式的持续快速增长之后，国内各大房地产公司纷纷遭遇发展瓶颈。正当地产大亨们苦苦寻觅发展的商业模式之时，"互联网+"为房地产行业提供了机会。

在没有发展到"互联网+"之前，房地产企业的销售模式主要靠的是"跑断腿，磨破嘴"，以及依靠无孔不入的广告宣传打动客户。"互联网+"兴起之后，各种房地产电商平台的出现，整合了房产平台（房产网站）、房产软件（房产端口）、网络营销工具、新闻公关传播以及相关企业的内部资源，以线上线下的推广模式迅速扩张。

然而，这样的好景可以一直延续下去吗？

● 房地产业的发展瓶颈

尽管互联网的春风为房地产业带来了新的发展契机，但同时也存在一些短期内无法突破的发展瓶颈。

1.互联网的去中心化，对地价税费没起到任何作用。

通过互联网将一些中心环节都去掉后，使得房地产的交易更加透明化，许多服务性收费也变得更加合理。但实际上，"地价"和"税费"是房地产交易成本中所占比例最多的部分。也就是说，"互联网+"的到来并不会对"地价"和"税费"有任何影响。这是因为当地政府作为唯一的"城市土地"出让方，是不会因为"互联网+"的出现，就降低土地价格的。

尽管有一些城市采取了"试点入市"，但这只是针对集体经营用地。相对于广阔的房地产城市用地来说，可谓"杯水车薪"。

互联网就好比放大镜，好与不好都会被放大。房地产行业努力跟上时代步伐，与"互联网+"实现对接是好的，但是当重视"互联网+"超过重视本身行业的产品和服务时，就是在"舍本逐末"。

2.房地产行业缺乏创意和优秀的平台支撑。

许多房地产企业主要依靠抄袭别人的创意来吸引消费者的注意，这也造成了许多互联网房地产产品同质化严重。

也就是说，尽管出现了许多互联网房地产平台，但都是"挂羊头卖狗肉"。最受老百姓欢迎的网站平台是贴近生活的，而专业的房地产平台尽管高大上，却忽视了生活化这一特点。

3.市场欠缺监管，打政策"擦边球"暗藏交易风险，急需规范整顿。

由于房产交易"总价高、流程复杂"等特征，其交易过程都要经过严格的监管。但是"互联网+"房地产模式兴起之后，始终打着政策的"擦边球"，总以"优惠"为噱头提前向购房者收取订金。虽然电商与房地产销售的融合是大趋势，但由于当下市场缺乏完善的监管制度，导致暗藏交易风险和市场混乱，购房者的权益难以得到保障。所以房地产行业要想健康发展，需要政府快速建立起相关的政策。

我国房地产行业已经进入发展的新时期，利用好互联网，是现在及未来房地产业发展的重要方向。

●"互联网∑"行动计划解决房地产行业发展制约

马斯洛需求的"需求层次理论"主张，"人的需求分为生理需求、安全需求、社交需求、尊重需求和自我实现需求。"人的基本生理需求得到满足后，还需要满足教育、健康、财产等安全性需求，然后需要满足亲情、友情、爱情的社交需求，及充分实现自我价值的需求。因此，只有充分满足人的实现自我价值的需求，才能争取更大的利润空间。

未来房地产行业的发展核心就是满足用户"体验"，这包括生活方式、生命质感、自我价值的体验。而这些在"互联网∑"行动计划的发展下都可以变成现实。

现在的"互联网+"房地产模式，主要核心放在了营销环节，很少涉及开发环节。但实际上，房地产开发环节与大数据的结合，一定会为房地产行业带来本质上的"飞跃"。

比如，"互联网∑"行动计划产生的新型大数据，使得房地产行业能够完美实现大数据整合，并设计出一个专属的搜索平台，只要输入地块信息，就可以根据之前的数据及房地产咨询案例进行计算分析，得出有关房产的价格及物业定位，甚至可以细化到根据之前物业经验的累积，对设计用材提出建议等。也就是说，"互联网∑"时代倒逼的新形势下，未来将可以通过大数据技术找到真正的用户所在，而对于平台所匹配的消费者来说，任何房地产广告都毫无违和感。"互联网∑"行动计划通过建立大数据的云服务平台来获取客户的相关信息，再通过 NC 系统来进行分析处理，最后实现闭环式大数据评估房地产销售的效果。

另外，房地产行业的发展主要依靠电商后台提供的大数据来完成，这些大数据主要来自于对用户的居住环境、家用电器及设施方面的需求进行长期走访、调查和跟踪记录，从而最大限度满足用户的个人需求，实现人性化住宅。

未来，"互联网∑"行动计划与房地产的结合，不再是几个相关的开发商或企业，消费者也不用面对高端的购物中心望而却步，而是每个人都能成为商业地产的"所有者"。

扫以下二维码并申请行业协会网站，即可获得所有裂变网站交易利润的 2% 推广服务费。

以下是阿凡达关于房地产方面的域名及二维码：fdichan. 世界。

"互联网Σ"与旅游

安徒生曾说："旅行对我来说，是恢复青春活力的源泉。"

生活水平提高了，很多人也会时不时来一场说走就走的旅行。旅游对于生活的意义也变得越来越重要，不再是远离生活的奢侈消费。

● 旅游行业的现状

从旅游资源角度来看，中国作为四大文明古国之一，旅游资源的丰富程度在世界上也是数一数二，但是就旅游行业的发展现状来看，依然存在很多问题。

旅游服务作为服务型贸易的重要组成部分，已经出现了严重的"拖后腿"现象，仅在2013年上半年逆差额就达350多亿美元，成为中国贸易赤字的最大来源。其出现的主要原因还是我国入境游的不景气。这样的现象不禁引发人们的深思，我们的旅游服务究竟差在哪里？

1.旅游服务项目单一。

旅游行业的发展主要依靠文化景观和自然景观的发展，二者相对应的旅游项目虽然有所不同，但依然单一乏味。文化景观的旅游服务，主要是文化汇演或者纪念品的代理售卖以及对当地特色文化的解读；与自然景观配套的旅游服务，一般是指当地特色的娱乐项目或者小吃，还有地方性的珍稀动植物观赏。

2.旅游市场的无序竞争。

当大大小小的旅行社随处可见，背后暴露的正是旅行社的市场门槛较低，进而导致各种不正当竞争手段充斥市场，最终严重影响了我国旅游市场的发展。

（1）景区收取高额停车费、人头费等；公司、导游、旅行社等收取回扣。

（2）使用虚假的旅游宣传信息欺骗游客，或者给游客提供虚假的消费信息，错误引导消费者的消费行为。

（3）恶意打击竞争对手，如利用一些捏造的丑闻来破坏竞争对手的品牌信誉等。

（4）利用知名旅游企业的名号，大肆招摇撞骗。

3.旅游开发过度，导致景区超负荷。

从故宫的每日限定旅游人数，我们可以看出，政府在保护旅游资源方面投入了很大的精力，可是偶尔还是会有新闻报道，过多的客流量造成景区的过度消耗。以山东泰山的中天门索道为例，为了修建索道，著名的月观峰被炸掉三分之一，在1987年修订的规划中明确定义，这是一项"功不抵过"的工程。而索道的建设，无疑是景区为了扩大现有的客容量，结果却是破坏了世界遗产的完整性，让泰山这样的自然景观有了越来越浓的人工味、商业味、利益味。

旅游资源的过度开发，让景点自身的文化意蕴越来越少，是阻碍旅游业发展的一个重要原因。

● **互联网与旅游**

互联网作为传统行业发展道路上的"香饽饽"，与各行各业都是打得火热，当然与旅游也是有着千丝万缕的联系。互联网时代的到来，改变的不仅是人们的旅游方式，还有思维和习惯。

1. 景区服务与游客的"互联网"。

网购随着互联网兴起后，美团、糯米、唯品会等一票互联网 APP 破土而出，当然旅游行业也不会落后。从美团增加的团购门票、娱乐设施门票到专门的旅游 APP，"去哪儿""途牛""携程"等，从车票、机票到景区门票、酒店等，可以说互联网为旅游提供了一条龙服务。

这不正是互联网在沟通景区服务与游客之间的功效吗？坐在家里，动动手指就可以轻松安排旅游日程，这不正是互联网的意义吗？简单、方便、时效性强。

2. 景区系统的互联网化。

从景区门口的扫码检票，到精细化的管理，系统化的服务，每一位进入景区的旅客，都为自己建立了一个独立的系统，在哪项服务设施消费或者游览了哪些景观都有详细的记录。

这样精细的管理，都是依靠互联网在运作，从扫门票的二维码开始，景区管理处就沿路追踪游客的旅游地点。景区系统互联网化的实现，更加方便了景区的管理，如可根据游客在不同景点前的驻足时间，分析出什么样的景点更受游客的青睐。

互联网在发展，这无疑为旅游业的进一步发展提供了契机。

●"互联网∑"行动计划与旅游

互联网的奔跑式发展，带活了一大批周边产业及相关产业的发展，带给人们的总是惊喜和希望。在不久的将来，将会是"互联网∑"的时代。但有人不禁好奇，"互联网∑"行动计划又会给旅游产业带来怎样的变化呢？

1.随时随地的免费旅游。

首先,"互联网Σ"作为一种发展趋势,讲求的是永久免费。而未来的旅游行业必然是朝着免费的方向发展。

互联网的飞速发展,已经让手机拥有了随时随地播放视频的功能,移动网络随处可用。这些都将成为未来旅游的手段,而想要真正落地,还必须建立在景点景区构建的网络系统之上,可供线上游客点击游览。这样的风景展示不仅可以让上班族一览好风光,还可以减轻景区的客流压力。

在"互联网Σ"时代里,景区的免费也会是未来旅游的标签之一。就像360实现了杀毒软件的免费一样,互联网高速运转的情况下,互联网与景区结合的发展模式让景区免费开放势在必行。

2.景区的自动推广。

虽说旅游的人数越来越多,但是景区还是会花费很大的力气去宣传,争取客源。相比于以往旅游服务推广的假冒伪劣和商家之间的不正当竞争,"互联网Σ"时代的自动推广功能就能轻松解决。商家的服务不是自己推广的,而是自从成立自己的服务商城开始,就在自动推广,按照实际情况直接向消费者推送相关信息。

毋庸置疑,在未来的"互联网Σ"时代,旅游业的发展是不可估量的。

扫以下二维码并申请行业协会网站,即可获得所有裂变网站交易利润的2%推广服务费。

以下是阿凡达关于旅游方面的域名及二维码:lvyouwang.世界。

"互联网Σ"与养老

国家统计局报告显示，截至2015年年底，我国60岁以上的老年人已达2.2亿人，占总人口的16.15%。另有数据显示，在我国70%以上的老年人都患有一种慢性或者多种慢性疾病。而且这些慢性病对于老人身体各个器官都有不良影响，最终会导致多器官衰竭，已经成为老人死亡的最主要原因。

因此，在日益严峻的人口老龄化问题上，如何创新养老模式，实现"享老"是所有人共同关心的话题。

● 当下养老业面临困境

在新形势下，互联网技术虽然提高了老年人在家享受养老的品质，也进一步满足了部分老年人对高质量养老各类服务的个性化需求。但是，凡事都有好的一面，也有不好的一面。"互联网+"对于养老来说，还有一些困境和不足亟待解决：

1. 养老产业规模及产业链尚处于起步阶段。

与国外其他发达国家相比较来说，我国的养老行业起步较晚，有关老年人的产品还比较少，其开发程度与力度远远不能满足当前老龄化的现状。也就是说，养老产业没有形成相关产品的规模化生产和产业链发展。

尽管我国的"互联网+"对于居家养老有了全面的计划，但在实际实施过程中，缺乏对基础设施建设的投入和产业链的完善。而居家养老作为新兴的养老方式，需要良好、优质、齐全的配套服务体系，这就对服务和基础设施建设及产业链和产业规模提出了较高的要求。

有关调查显示，2014年，我国60岁以上老人每千人在养老机构床位数仅为27.2张，不到国际标准规定的50%，与世界平均水平相比存在相当大的差距。根据国务院《关于加快发展养老服务业的若干意见》，到2020年每千名老人的养老床位数将增至35～45张。预计到2020年，我国养老产业的市场空间规模将达到7.7万亿元，到2030年可能达到22.3万亿元。也就是说，在未来十几年中，由于老年人群支付能力的逐步提高，大概20万亿元以上的养老市场静待挖掘。

2.养老产品创新不够。

百度曾经推出过一个可以让老年人在家就能自我进行"疾病预测"诊断的功能，这的确能够在一定程度上起到避免贻误病情、耽误最佳治疗时间等问题。但是，在我国养老产品的创新层面上，我们一直举步维艰。尽管许多商家利用"互联网+"开发了一些新功能，但大多不适合居家养老的老年人。

居家养老作为新兴的一种特殊养老模式，从诞生之日起就决定了它对相关服务及产品的要求会更多、也更高，更讲究"便捷性"和"实用性"。而满足这些条件的养老产品，我们显然还没有做到位。

以养老理财类产品和保险类产品为例。从产品设计来看与其他理财产品并无差别，收益水平也相差无几，甚至有的投资期限不到一年，这与养老理财投资的长期性是相背离的。也就是说，现在市场上很多养老保险和理财产品只停留在"概念"上，实际上与其他理财产品没什么差别。

3.大数据的使用对老年人隐私权保护力度不够。

每个人的隐私权都是受到法律保护的，也是值得被尊重的最基本权利。但是在互联网时代，老年人的身份信息及隐私会在毫不知情的情况下，被一些网站所利用和存储，更严重的是个人信息会被泄露，这是对个人隐私权的严重侵犯。而且,现在对于互联网侵犯隐私权受到侵犯后的维权法律非常不健全,多数时候只能"认栽","哑巴吃黄连,有苦说不出"。而法律上的制裁盲点,更是造成了此现象愈演愈烈。在发展居家养老制度的过程中,要想通过互联网来发展,就要有一个完善的法律体系,才可以避免泄露个人隐私。

4. 养老机构未能充分发挥惠民红利。

我国的人口老龄化呈现"数量大、发展快、高龄化、空巢化、城乡差别大"等新特点。人口老龄化问题是一个社会问题,它不仅仅涉及到劳动力的问题,还有养老的问题,以及养老金的发放、福利性补贴及社会公共服务建设需要的增加等等。这些问题以现有的水平无法得到有效解决。特别是在我国一些三四线中小城市及地区,由于配套服务的严重匮乏,无法从根本上解决养老资源紧缺的问题。

那么,如何才能让更多的老年人在家就能享受最优质的、贴心的服务,享受最好的服务和资源,采取何种方式才能充分发挥"互联网"技术优势?

● "互联网Σ" 行动计划为养老带来新生机

"落叶归根""少小离家老大回",这些经典的诗句除了反映出古人对于家乡及故土的热爱之情,也十分契合当下"居家养老",共享天伦之乐的理想养老方式。同样是在家养老,未来的"互联网Σ"时代,居家养老将与以往有所不同:

1. "互联网Σ"时代,居家养老相关项目将与阿凡达产业合作。

"互联网Σ"时代,倡导共享资源,共享服务,而老年人也可以实现共享"互联网Σ"时代所带来的惠民红利。在"互联网Σ"行动计划下,会出现一个养老平台,通过与阿凡达产业的合作,真正实现运用互联网技术来提高居家养老的质量和效率，真正把"互联网Σ"时代的优势落实到老年人最关心的衣食住行、娱乐、健康医疗、急救自救等具体问题上来。

养老业与阿凡达产业合作，才能成为居家养老服务的"最佳中介"，实现经济社会和养老共同健康发展。

2."互联网Σ"行动计划催化新产物，进一步发挥大数据的作用。

"互联网Σ"行动计划除了能够加强对大数据的管理、分析和运用，还能有效防止黑客窃取相关资源。对于大数据的有效管理主要体现在"及时监测、及时发现问题"，并用最快的速度对系统漏洞进行专业修复，对于已经泄露的个人信息进行及时注销，并同步通知当事人做好防范，防止被骗。

同时，在"互联网Σ"时代，只要子女们下载手机 APP，就能随时随地监测到老人在家中的身体情况；通过设计某些体感游戏训练，使老人在游戏娱乐中记录并了解身体基本情况……基于大数据、云计算，"互联网Σ"行动计划创建的平台和线下服务的"物联网养老"模式，有可能突破现有"居家养老"的诸多问题。

无论怎么样，实现"老有所养、老有所为、老有所乐"才是最终目的。未来在"互联网Σ"行动计划影响下，将推动中国式养老，大力推进养老产业的"信息化、产业化、人文化"，不断提高养老服务水平和创新养老产品。

扫以下二维码并申请行业协会网站，即可获得所有裂变网站交易利润的 2% 推广服务费。

以下是阿凡达关于养老方面的域名及二维码：yanglao.世界。

"互联网Σ"与教育

教育的重要性自然不用多说，最现实的现象是，从周一到周末，孩子的课程通常被排得很满，作文补习、奥数训练、钢琴班、舞蹈课……孩子也是直惊呼，真想有个"星期八"。

相信我们在小的时候，也经常会有这样的感受，从小就被灌输着"知识就是力量，学习成就未来"的理念。我们不停地穿梭在学校、补习班、回家的路上，可是又有多少人真正明白教育的意义。

● 教育的现状

现在的教育问题已经受到大家的广泛关注，可是我们真的了解教育吗？当然，中西方教育有着很大的区别，我们加以分类说明。

中国教育的现状是：

1. 应试教育变本加厉。

我国虽然自1999年开始大力推行素质教育，但是学生依然面临着巨大的学习压力，许多学校也只是将素质教育流于形式。由于升学压力所迫，学生不得不被各种课业负担所累，严重限制了学生的"自由"发展。

2. 德智体美发展失衡。

德高为师，学高为范，这是古人为老师制定的标准。但是我们现在的教育功利化倾向比较严重，学校培育学生也是冲着升学率，单单加强了智力训练，却忽略了德、体、美的全面发展，造成学生"高分低能"——虽然考试能拿满分，却整体发展失衡，或者身体发育处于亚健康状态，抑或道德败坏等。

西方国家的教育现状是：

1. 独立意识严重，让孩子更加崇尚自由，很容易误入歧途。

西方国家的教育并不强调家长过多地干涉孩子的生活和学习，反而更加注重保护孩子的隐私。而孩子在尚不成熟的年龄阶段，面对很多诱惑都无法拒绝。这时，老师和父母不加以引导，孩子更容易陷入歧途，如打架、酗酒、吸毒、"混"社会等问题尤为严重。

2. 西方教育不利于培养孩子的基础功底。

西方国家主张自主、独立的启迪式教育，但在心智尚不成熟的年龄段，往往受制于孩子的基础差，使孩子的学习半途而废。

3. 对于教育的制约不够。

欧美学生大多对学校的制约规则是反抗的，逃课现象普遍存在，而学校在这些问题的处理和解决上，采取的措施力度也都相对柔和，进而成就了西方"温和"教育的特点。

4. 西方教育存在的不公平问题还是比较严重的，尤其是在种族歧视上，黑人和白人享受的教育权利是不一样的。

无论是西方还是中国，对于教育重视程度越来越高，但是都存在一定的问题，发展现状亟待改观。

● **教育在发展**

互联网波涛涌动，教育也成为其中一员。根据2015年的调查数据显示，从事互联网与教育行业的企业约为2500家，有10万门左右的在线教育课程，使用用户达到1亿人次左右。

虽然"互联网+教育"的模式已经出现，效果已经彰显，但是想要进一步发展还需要结合时代发展趋势。

教育与互联网不能是简单的相加，而想要从实质上解决教育面临的问题，就要依据教育的特征，基于互联网本质进行有效解决。

当然，处于互联网发展的不同阶段，应该增加教育的哪些内容，以什么标准选择，选择什么内容去结合发展，都是教育和互联网需要共同考虑的问题。例如，发展较快的在线教育，在家就可以跟着名师一起学，还可以突破地域和时间的限制，真正做到了教育无界限。

互联网与教育的结合，教育依然是根本，而互联网只是手段，如果本末倒置只能阻碍教育的发展进程。

●"互联网∑"行动计划与教育

"互联网∑"行动计划总是带着"∑"的特征和技术，与教育的结合必然会融合，必然会在未来的教育界引起轩然大波。但让我们好奇的是，"互联网∑"行动计划与教育的结合究竟有着怎样的魔力呢？或许我们可以从以下几点找到问题的关键所在：

1. 人人共享教育资源。

教育面前人人平等，这是多少教育学家一直在强调的问题，却始终没有得到彻底的解决。"互联网∑"行动计划与现实相交融，将实现教育平等化。"人人共享"作为"互联网∑"行动计划的特征之一，为教育平等化提供了基础，无论你是贫困还是富有，疾病或是健康，都有权利享受平等的教育。

2. 教育知识的互联互通。

知识的传播始终应该保持一致性，而且世界的无差别教育一直是教育的最高目标。然而，大家生活在同样的地球环境中，却接受着不同的教育。随着互联网的发展，教育的同时、同步将得到极大的改善。在未来的"∑"时代，"教育村"的实现将打破这一魔咒。

3.享受终生免费教育。

教育与互联网的结合，免费也会是最终的归宿。21世纪的教育发展，已经实现了九年义务教育，正在逐步向高等教育免费化发展。在"互联网∑"行动计划的引导下，当所有的信息都可以共享的时候，教育信息的共享也必将成就终生免费的教育模式。教育作为大家关注的重要问题，在与"互联网∑"行动计划结合之后，会有更新的发展和进步。

总之，与"互联网∑"行动计划结合之后，教育的发展将更加利国利民，而这也正是时代发展的必然趋势。也就是说，"互联网∑"行动计划将伴随人类发展的必经阶段。

扫以下二维码并申请行业协会网站，即可获得所有裂变网站交易利润的2%推广服务费。

以下是阿凡达关于教育方面的域名及二维码：jiaoyu.世界。

"互联网∑"与健康医疗

这是一个以智慧为生,与信息为伍的时代。这场名为"互联网∑"行动计划的风潮,正在席卷整个世界,新的产业及资本运作,新的商业模式正在形成。

风会停,但是"互联网"的风潮不会停止,重构各个产业的商业逻辑会不断演绎,尤其是健康产业在这场浪潮中将会寻找到属于自己的涅槃机遇。

俗话说:"健康是幸福之基"。但不可忽视的是,"看病难、挂号难"一直是健康医疗领域人们最头疼的问题,虽然其借着"互联网+"的东风,的确有了一些新的变化,可随之而来的是"互联网+"重塑健康医疗行业的过程中,也产生了诸多亟待解决的难题。

● 健康医疗产业当前的现实问题

从全世界的角度来看,健康医疗产业都处于高速发展的状态。随着我国经济生活水平的不断提升,老百姓对于健康医疗的重视程度也逐渐提高,健康医疗产业随即进入高速发展时期。

其中,医药电商作为互联网与医疗产业联结的典型代表,不仅是未来产业发展的方向,更是当下的投资热点。但是与发达国家相比,我国健康医疗产业还有着巨大的提升空间:

1.信息有待实现真正的共享。

"信息孤岛"现象一直是困扰互联网健康医疗产业无法很快推进的主要原因之一。这主要是由于每个医疗机构都有自己的互联网平台，各自独立，甚至与同一家医院里的软件都不能共享。这种现象反映的不仅是互联网技术存在问题，更重要的是碎片化的医疗服务体系体制存在问题。

由于各个医疗机构之间彼此都是对立的竞争对手关系，所以任何一方都不会积极主动要求实现信息资源共享和互通。大型的公立医疗机构，不会主动开放他们的医院核心信息系统，结果导致缺乏数据支撑，很难真正实现共享。除此之外，由于我国医疗体系纷繁复杂，而且信息化顶层设计不足，导致互联网医疗产品连接医疗机构时，需要重新做系统接口，无疑增加了网站成本，限制了健康医疗产业的发展。

2.健康医疗大数据有待深入挖掘。

实际上，由于病人的情况不一样，所以真实的医疗大数据搜集起来很困难。那么，如何利用已有的临床数据来开展互联网大数据，并最终为临床研究服务，成为了首先需要解决的问题。

传统的健康医疗数据，是以患者的临床情况为中心的业务数据为主要依据，而现在需要结合互联网、物联网，甚至气候和环境因素等数据进行分析，进而挖掘更有价值和非机构化的新数据。

3.有待构建明确的互联网盈利模式。

尽管医疗行业在一些网络平台已经风生水起，但是并没有找到明确的适合自己发展的盈利模式。一般情况下，采取的都是通过与网站交叉合作收取一定费用的模式。然而，因为各合作企业都在追求自己的利益，不愿意提供详细的患者数据，合作失败的案例也不在少数。

而且，其用户黏度较差，患者享受完挂号、问诊等服务后，并没有直接转化为消费行为，而是依然通过实体药店或者医疗机构完成，距离真正健康医疗行业的电商化还有很长的一段距离。

4. 电商医药流通速度有待提升。

遇到紧急的病症，大家一般会直接去医院，而一旦遇到稀缺药品至少需要一天的时间才能拿到。这主要是由于现在国家药监局对药品的运输、配送、存储都有严格的要求，因此真正参与到医药行业物流配送的企业数量不多，也就无法实现随时购买，及时配送。

在互联网形势下，医药企业都"看上了"互联网健康医疗，但这块"蛋糕"显然不是那么好啃，以及能否从根本上解决老百姓的看病难问题，尚需时日去证明。

●"互联网∑"行动计划根治健康医疗产业顽疾

新的"互联网∑"行动计划下，健康医疗产业如何充分利用互联网技术，最终实现和传统的医疗机构共赢的局面，树立"健康"形象？

1. "互联网∑"行动计划能够提供海量大数据。

"互联网∑"行动计划的特点之一就是能够提供海量大数据，即有多少用户就有多少资源，就能转化为多少数据。通过"互联网∑"行动计划，可以设计以"为医生提供海量临床信息"为出发点的大数据库，将所有药店及临床治疗数据囊括其中。这个数据库可以包含成千上万种药物的使用说明、药效、副作用、价格、医保情况等，方便医护人员随时应用查询，最为重要的是，可大大减少医患纠纷事件的发生。

2. "互联网∑"行动计划能够真正实现信息同步共享。

"互联网∑"行动计划的另一个特点就是将所有数据信息实现同步共享。"互联网∑"时代，所有健康医疗机构把信息统一放在以"互联网∑"行动计划为基点打造的平台上，不论到哪家医院，所有医生都能看得到全部信息。当所有病人的信息放在平台上，对于"信息共享，疾病预防"，无疑也具有建设性意义。因为这就意味着医生可以随时随地通过平台，了解病人的病情变化，进而及时做出相应的诊断。

在"互联网Σ"行动计划引领的时代下，医疗机构、病患等都将不同程度地获益。

扫以下二维码并申请行业协会网站，即可获得所有裂变网站交易利润的 2% 推广服务费。

以下是阿凡达关于健康医疗方面的域名及二维码：jiankangyiliao.世界。

"互联网Σ"与物流快递

互联网时代,"物流"和"快递"这两个名词已经脱离词义本身,更像是一种市场扩张行为。从农村小巷到城市街头,从学校门口到小区物业,纷纷被"物流"和"快递"占据。

可以说,有人的地方,就有物流存在;有人的场所,就有快递出没。

大多数人认为,"物流"和"快递"其实都是"用来送货的",所以理应是同一种事物。然而,"物流"和"快递"于本质上存在着细微差别。

我国《物流术语》对"物流"的定义为:"物流(logistics)指物品从供应地向接收地的实体流动过程。根据实际需要,将运输、储存、装卸、搬运、包装、流通加工、配送、回收、信息处理等基本功能实施有机结合。"

快递则是"门对门"的物流活动,是指快递公司通过海、陆、空三种方式,将货物送到客户手中。

对于快节奏的社会来说,快递在速度及安全方面要优于传统物流(类似邮政的邮递服务等)。例如,国家政策对于快递行业的整顿。包括快递实名制、收寄源头开箱验视、叫停"先签字后验货"、杜绝"野蛮分拣"……无论是从国家层面,还是快递公司层面,抑或收发快递的普通群众层面,人们对于快递安全性的重视都逐渐升高。

尽管如此,但并不意味着我国物流快递领域能够一帆风顺。

● 物流快递面临的问题

前文说到，尽管国家和个人层面都对物流快递领域十分关注，但是物流快递领域仍存在一些避无可避的漏洞。以下几点，可以说是物流快递领域最大、最常见的漏洞：

1.回扣问题。

在物流快递领域，回扣可以说是"标配"。回扣通常指发货方人员通过职业便利，向运货方人员索取一定好处。这种情况会导致货物在流通过程中出现很多问题，也是为国家法律所不允许的。甚至有一些员工，会私自更改物流快递企业的报价，从中获取利益。

索取回扣的现象，最终导致物流快递企业的盈利越来越少、报价越来越高，从而使发货企业的物流成本持续偏高，最终强加于消费者身上。

2.价格不统一。

有些物流快递企业本身存在系统漏洞，同样的货物、同样的目的地，但价格可能不相同，这直接影响了发货方对于物流快递企业的信任度。要知道，发货人并不会因为一两次"少收费"而心存侥幸，只会认为物流快递企业内部定价系统不严谨，收费标准完全取决于取件员，从而降低对物流快递企业的信任度。

无论是与回扣相关的"权钱交易"，还是与报价相关的"金钱纠纷"，其源头都离不开"信息"二字，同时也在提醒我们，物流快递领域是时候进入全新的时代了。

● "互联网∑"行动计划引发巨变

"互联网∑"是全方位、全覆盖的行动计划,自然也涉及物流快递领域。

事实上,物流快递企业的诸多漏洞,都能够通过"互联网∑"行动计划得到解决,使物流快递企业有效实现低成本、信息化管理,主要包括以下几个要点:

1. 信息规范化。

对于回扣及价格混乱等问题,通过对相关信息的规范化处理,再加上"互联网∑"行动计划的"价格透明"特性保驾护航,能够大大减少,乃至杜绝物流快递领域关于金钱方面的问题。

2. 业务信息化。

"互联网∑"行动计划的发展主题还包括"互联互通",及时将业务信息搬上互联网,能够使物流快递企业及时掌握第一手资料,从而抢占市场先机,增加市场占有率。

3. 流程信息化。

对于货物的出库、入库等各项流程进行信息化管理,做到"有证可查,有据可依",确保货物不会丢失,同时增加运输过程的安全性。

4. 运输信息化。

在"互联互通"的技术支持下,实现物流快递企业车辆等运输工具的可视化管理,使总部实时掌握货物运输情况,及时处理突发事件,确保损失降到最低。

在以上基础上,阿凡达商城推出了与物流快递合作的计划——让物流快递众多分公司、服务部、分部、门店以及数以万计的物流快递员拥有自己的电商平台,提供公平的就业创业机会。

借助阿凡达商城，快速启动运作物流快递的电商平台O2O项目，解决制约物流快递发展的"最后一公里配送"瓶颈难题，实现效益利润最大化。

通过在阿凡达商城注册"物流快递商城"，使物流快递的品牌和商品得到更快、更好、更全面的推广和销售。例如，快递员王先生想多一项收入，那他可以借助"物流快递商城"，获得一项源源不断的电商收益。他只需要在"物流快递商城"注册会员，就能获得"物流快递商城"免费赠送的商城，同时，王先生就可以不花一分钱代理整个商城的商品，卖掉商城内任意商品，都能获得商品利润的50%。

就盈利方面，若商品采购价是600元，市场批发价是800元，那么"物流快递商城"同样标价800元，产品销售成功后，物流快递收取700元，余下的100元则交到"卖家"手中。最神奇的是，"分账"是阿凡达系统自动进行的，不需要阿凡达的会员沟通交流，也避免产生不必要的麻烦。

如果物流快递希望把商品销往全世界，更希望有更好的销售渠道，那么物流快递可将产品照片与信息传到"物流快递商城"，此时全球的阿凡达会员都能够看到物流快递的产品。

如此一来，物流快递再也不用担心产品销路问题，全球的阿凡达会员都在帮他卖产品。以此复制，物流快递将会拥有越来越多的忠实客户，企业品牌和产品也将得到最大推广。

阿凡达还可以为"物流快递商城"开通"空白地区物流快递实体店全球自动招商"功能，全球的阿凡达会员都可以通过"物流快递商城"申请加盟成为全球空白社区的物流快递实体店，全球的阿凡达会员都能成为物流快递的分销商。

阿凡达的使命是：让每个物流快递的员工和物流快递的用户打开网站就进入自己的"物流快递商城"，让每个快递员和用户都可以拥有自己的电商平台，自己做老板实现就业和创业致富。

物流快递还可以把所有快递站点转换成物流快递的电商分公司，配送股权，这样所有的站点就会忠实永久地为物流快递服务了，物流快递电商也会迅速地发展壮大起来。

阿凡达秉承"大爱天下""为全人类服务"的企业理念，集合物流快递的社会服务职能，从各个方面保障合作者稳定的收入来源，让合作者无后顾之忧，成为物流快递的忠实"粉丝"，全心全意为社区居民提供服务，从而造福全民。

"互联网Σ"行动计划波及物流快递领域，势必会掀起一番巨浪，在这阵浪潮的冲击下，物流快递企业应该顺势而为，及时对企业各环节进行查漏补缺，使企业这艘巨轮不会被时代的洪流冲散。

扫以下二维码并申请行业协会网站，即可获得所有裂变网站交易利润的 2% 推广服务费。

以下是阿凡达关于物流快递方面的域名及二维码：Kuaidi.世界。

"互联网∑"与大学生就业创业

对于一个国家而言，教育是立国之本；对于一个民族而言，教育是兴旺之根。

国家的发展潜力、富强程度，主要体现在教育领域。这一点，无论何时何地都不会改变。

我国发展潜能在高校毕业生人数方面体现：2001年，我国高校毕业生人数仅为114万人；而到了2016年，根据人力资源社会保障部公布的数字，该人数直线飙升至765万人。

高校毕业生逐年增加，暗示了中国教育水平在不断提高。然而，这也意味着个人、国家、社会都将面临巨大的就业压力，毕竟市场是有限的，就业岗位也是有限的。

● 大学生就业现状

大学生就业难已成为我国面临的最大社会问题，尽管自主创业在一定程度上缓解了就业难的问题，但形势亦不容乐观。我们对大学生就业创业的现状进行简要分析。

1. 大学生普遍意识到"就业难"。

社会在进步，经济在发展，但大学生的就业率却没有随之提高。不管是社会舆论，还是毕业生的遭遇，都让大学生清楚地认识到了"就业难"这一现状，甚至已经成为大部分大学生的心病。

2. 人才市场机制不健全。

我国大学生自主择业机制尚不成熟，人才市场网络体系尚不完善，自主择业的法律保障体系尚不健全，人才供求信息准确性和权威性尚未建立一定的标准，人才市场种种不规范加重了大学生就业的严峻形势。

3. 大学生不看好创业。

创业是就业的一种出路。虽然大学生普遍认识到了这一点，但毕业后选择创业的大学生仍然较少。归根结底，主要原因在于：从大环境来看，国家政府、企业、社会等对大学生创业支持还不够，大学创业氛围普遍不足，创业教育力度不够；从家庭环境来看，精神和物质上都很难得到相应的支持；从大学生自身来看，缺少创业需要的综合素质。这些问题最终导致大学生在创业的大门外止步不前。

通过以上分析，显而易见，大学生在就业创业上都存在着许多问题，让大学生就业创业形势变得严峻，同时对国家发展以及社会的各方面均造成巨大影响：

1. 造成我国高素质人才浪费。

大学生接受高校培养后，获得了专业知识，提高了自身素质。如果大学生毕业后不能及时就业或创业，为社会服务，则意味着大量高素质人才闲置，无疑是一种优质资源的浪费。

2. 造成我国高等教育资源浪费。

国家为培养大学毕业生，每年都会投入大量的教育资源，比如高额的教育经费的投入。培养一个大学生的费用是相当高昂的，但由于专业设置冷热不均，导致就业难易程度不一，如果该学生毕业后不能就业或创业，没有将教育资源的投入以及所学转化为社会价值，也就等于高等教育资源的浪费。

3. 对我国教育的可持续发展造成威胁。

民族进化的历史经验告诉我们，教育的可持续发展和教育的扎实程度是民族素质提高的保证，而高素质又是教育所需的"原材料"，两者相得益彰。如果大学生毕业后迟迟无法就业，就会造成"原材料"减少，对我国教育的发展造成一定影响。

就业是国家发展最基本的保障，同时也是民生之本，一个国家没有了稳定的就业环境，便难以实现稳定的发展。因而我国政府对就业形势也非常重视，曾多次公开表示，只要能保证稳定的就业环境，即便经济增长遭受轻微影响也可以接受。

但问题的关键在于，要想提高大学生就业率，亟需打破现状，寻找新的就业通道。或许已经有部分人发现，互联网不失为一个合适的选择，它的普及能够让就业问题得到大幅度改善：

（1）互联网能够改变大学生的就业思维。

对于传统就业思维来讲，大家对行业的优劣早已进行排位，依次为公务员、事业单位、国企、外企、私企。这种排位恰如当年的"士农工商"，许多人宁可为求得一职公务员"挤破脑袋"，也不愿多看私企一眼。但在互联网快速发展的进程中，人们获得信息的途径更加便捷，接触的思想也变得更加广泛。在互联网众多新思想的冲击下，传统的就业思维必定会改变，让就业成为一种出于自我本能的选择，而不是一种单一的、需要遵循的模式。

（2）互联网降低了就业门槛。

人们在找工作时，多数会计算成本和门槛，而传统求职的成本无疑偏高。以时间成本为例，通常需要在无数招聘会的现场穿梭，并"大网捕鱼"般地投递简历。而互联网时代，我们完全可以在电脑前，通过互联网完成整个过程——通过在网络上筛选并了解岗位信息，以及投递简历，大大降低了时间成本。

●"互联网∑"行动计划打造一站式就业创业通道

虽然互联网的出现改变了大学生的就业思维,一定程度上便利了大学生就业创业,但依然存在很多不足之处,比如网站之间的竞争造成信息不流通,而且网络上的虚假就业信息屡见不鲜……这就需要建造更便利、更有效,信息更广泛的通道帮助大学生就业创业。

"互联网∑"行动计划致力于将全世界的互联网整合,让信息免费共享,从而为大学生就业创业提供了更多优势:

1.通过"互联网∑"行动计划可以创造新的网络空间,将海量信息、机会和学习空间存储在云商系统,应用于不同行业,帮助大学生更有效地实现就业创业。

2.通过整合,可以快速识别虚假信息。基于信息共享技术,"互联网∑"行动计划可让网络的所有信息同步共享,一旦有虚假信息出现,所有人都能够即时得知,避免上当受骗。

但是,我们需要如何借助"互联网∑"行动计划,才能让这些优势得以发挥呢?通过阿凡达帮助大学生就业创业的故事,我们或许能够了解在以"互联网∑"行动计划为主导的社会环境下,大学生是如何顺利就业创业的。

1.阿凡达帮助大学生建立网站,获得自己的信息发布窗口。阿凡达独创的裂变技术能够使阿凡达商城无限裂变,满足全国千万大学生的需求。阿凡达具有强大的信息发布和交易管理功能,产品一旦发布,立即免费推送到所有用户网站,订单管理、财务管理完全自动化,实现永续经营。

2.通过阿凡达商场,大学生可以进行线上线下活动,比如联系线下商家,通过把商家产品上传到自己网站或帮助商家建立属于他们的阿凡达商城，从而找到获利渠道。

与此同时，中国乃至全世界的生产企业，都面临产品过剩的问题，所以都在拼命地通过各种渠道发布产品信息。大学生可以通过获取一些产品的销售代理权，实现创业。在获得授权后，可以将产品拍照并加以文字说明传到自己的网站上，并且可以代理多个品牌。随着在网上消费的人越来越多，生意将会越来越好，这样的网站也将会演变成企业和消费者之间唯一的产品流通环节，大大缩短企业和消费者之间的时间、空间距离。

3.通过"商城产生订单→大学生联合企业发货→客户收货确认→交易完成"的流程，大学生可以轻松获得收益。

除此之外，阿凡达建立的系统十分智能化，当有人订购产品时，系统会立即发送信息到你的手机或邮箱，提醒你处理订单。

"我的工作我做主"已经不再是梦想。通过"互联网Σ"行动计划，我们能够在海量的企业、商家和商机中，自由选择自己热爱的工作及企业，同时实现我们的理想和抱负。

毫不夸张地说，"互联网Σ"行动计划的出现，为大学生就业创业插上了腾飞的翅膀，让天下再也没有毕业即失业的大学生。

扫以下二维码并申请行业协会网站，即可获得所有裂变网站交易利润的2%推广服务费。

以下是阿凡达关于大学生就业创业方面的域名及二维码：dxsjycy.世界。

"互联网Σ"与退伍军人就业创业

长期以来,退伍军人的安置问题一直是个让人头痛的大问题。一方面,传统的退伍军人安置政策已经不适应新时期社会的发展;另一方面,退伍军人由于大把的青春都奉献给了祖国的国防事业,掌握的技能并不一定适合社会的需要。所以,"互联网Σ"时代,如何实现退伍军人再就业和创业,仍然是一个亟待解决的社会问题。

● 退伍军人安置难,自谋职业更难

究竟为什么会出现退伍军人安置难的问题?

从体制上来看,我国对退伍转业军人安置主要采取的是行政安排,每年全国几万名军队专业干部及几十万的退役士兵面临安置,这必然存在现实困难。同时,由于全社会面临的就业压力导致政府及企事业单位用人制度的改革,种种原因都使得退伍军人安置渠道变窄。再加上许多军转人员对于转业安置的期望值过高,客观上造成了部分岗位竞争过度激烈。这些原因都成为制约退伍军人自谋职业的因素。

自谋职业无疑是目前解决退伍军人安置的比较好的选择。一方面,这能够充分调动退伍军人的主动性和积极性,发挥自身优势,自主创业;另一方面,这也是适应市场经济条件下公正、公平、自主就业的规律。

虽然退伍军人自谋职业正成为一种趋势,但是,我们也应该清楚看到当前退伍士兵自主创业所面临的问题还是很多的。

1.退伍军人文化水平制约了其再就业和创业的步伐。

如今岗位的竞争不是技术为先，就是知识为先，而这两样退伍军人都不具备。从知识水平来看，我国95%的退役士兵平均文化程度为高中程度，这与社会上遍地都是的本科生，甚至硕士生、博士生相比，很明显根本不具备竞争力。

从技术上来看，长期为国家服兵役，掌握的技术都是与军事技术相关的技能，这与社会上需要的工业技术型人才又不符合。这都导致退役士兵面向市场时，就业竞争起点较低。可以说，用工单位对用工技术的高标准与退役士兵自身实力低水平的反差，是造成退役士兵自谋职业难的主要原因。

2.地方上对退伍士兵的培训的局限性。

一般来说，地方上对退役士兵的职业培训主要有两种途径：第一种是部队举办的"军地两用人才"培训工作。第二种是依托劳动、教育部门的职业培训基地举办的短期培训班。这些培训班对根本性的改变或全面提升退役士兵的综合素质、提高就业竞争力，仍然有很大的局限性。

3.退伍军人缺乏就业指导，没有专门的机构管理。

现在大学一般都设有"大学生就业指导中心"，但在退役军人这一领域缺乏专业的就业服务指导和专门的机构进行管理。

退伍转业军人"退伍不褪色，转业再创业"，在新的互联网形势下，如何保持军人本色，自谋出路，书写自己的别样人生？"互联网Σ"行动计划，给了他们实现梦想的新起点。

● "互联网Σ"行动计划解决退伍军人就业创业问题

退役士兵安置工作是国防建设的重要组成部分，是全面建设小康社会的重要保证之一。以"互联网Σ"为主导的新经济时代，阿凡达与中国

"拥军优属"等相关机构的合作无疑为解决退伍军人就业创业问题提供了新的方向。新形势下，阿凡达与中国"拥军优属"等相关机构是如何进行合作解决退伍士兵创业问题，实现共赢的呢？

1. 基于"互联网Σ"行动计划提出的免费资源共享理念，为支持军属和退役士兵就业创业搭建平台，为军属和退役士兵施展才华提供助力。其倡导资源共享，包括信息共享，全部的信息共享，后期是资源共享。退役士兵可免费浏览地方性甚至全国各地的招聘信息，实现共享职位信息。所有有求职意愿的退役士兵共同免费在线发布求职信息，参加在线培训学习，或者选择线下培训，规划职业发展和能力测评等。该服务平台与其他网络招聘相比，最大的区别在于，其基于"互联网Σ"行动计划创造的新型模式，通过整合线上线下资源，实现政策服务的全天候化。

中国"拥军优属"等相关机构通过阿凡达的全球电子商务平台，为我国的军属和退役士兵提供更好的就业机会和创业平台，帮助我国军属和退役士兵更好融入现代化社会大潮，更好地掌握和使用现代化电子商务工具，借助全球阿凡达平台，实现军属和退役士兵人人有工作，人人有事业，人人的才华将得到最大化的展现。

2. "互联网Σ"行动计划的实施与落地，可以实现"以点带面"，让军属和退役士兵去帮助更多的身边朋友，让大家都能过上幸福的小康生活，促进社会和谐稳定，实现民富国强、伟大复兴的中国梦！

仍以阿凡达与中国"拥军优属"等相关机构合作为例。

阿凡达通过赠送个人商城给所有的军属和退役士兵，从而让军民更加团结互爱。所有军属和退役士兵均在自己的商城上实现各种交易，各种互动与交流，以及传播"拥军优属"的精神，实现军属和退役士兵们全面零距离接触。充分发挥资源优势，广泛动员社会各方面的力量，大力开展拥军优属公益活动。

3. 从销售渠道和利润分红上保障退役士兵的权利。

比如：军属甲是生产菌菇的，希望菌菇能销往全世界，更希望能有更好的销售渠道，那么军属甲就可将菌菇照片与信息传到阿凡达商城，此时全世界数亿阿凡达会员都能看到军属甲的菌菇，如果菌菇成本是10元，军属甲只想赚2元，市场批发价是14元，那么产品标价14元。产品销售后，该军属自行收回12元，余下的2元则由系统自动把钱分配给卖掉产品的人，这样军属甲就不用担心销路问题了，因为全球的阿凡达会员都会帮他卖菌菇。

如果士兵乙退役回家，既没钱去做生意，又找不到合适的工作，那么士兵乙只要注册会员，就能获得阿凡达免费送给他的商城，他就可以在不花一分钱的情况下，代理整个商城的商品，而且只要卖掉商城上的任何商品，就能获得利润的50%。至此，士兵乙也拥有了一份属于自己的事业。

以此复制，中国退役士兵将会传承更多中国军人的素质与美德，将中国军人的无私、博爱、奉献、进取、团结的精神发扬光大。以此实现阿凡达与全人类共同的愿望：团结互助、兼容、免费，为人类做出巨大贡献。

站得高才能看得远，通过"互联网Σ"行动计划，实现退役士兵"人人有工作，人人有事业，人人的才华将得到最大化的展现"，促进社会和谐稳定，实现民富国强、伟大复兴的中国梦！

扫以下二维码并申请行业协会网站，即可获得所有裂变网站交易利润的2%推广服务费。

以下是阿凡达关于退伍军人就业创业方面的域名及二维码：twjrjycy.世界。

互联网"Σ"——全球信息发展路线图

"互联网Σ"与太空

无论做什么事情，都不可以轻敌，不要骄傲，要踏实做事，坚持不懈才能取得成功。

虽然早在三国时期，我国就出现了"火箭"，却直到1970年4月24日，才最终将"东方红一号"卫星送入轨道。此后，中国一直致力于发展太空技术。

近几年，互联网的春风似乎已经席卷了所有行业，敢于创新的一些IT企业已经把互联网带进了太空业。

2016年4月，Facebook的CEO扎克伯格宣布，"Facebook的免费互联网项目Internet.org已取得显著进展，未来数月将会发射公司的首颗互联网卫星。"几乎同一时间，亚马逊创始人贝佐斯也表示，"人类的未来之路在太空，航天业要学互联网用低成本进太空。"

为何会有这么多商家投资太空业？正如霍金所说："今天看来浪费巨大财力物力进行的太空探索，就如同当年看来毫无意义浪费巨大财富探索大西洋一样，谁知道我们不会在太空中发现一个新大陆呢？"而且人类每一次对太空的探索，都能带动新技术的产生和推广应用。

比如：20世纪60年代阿波罗登月计划的筹备过程中，电脑、手机、电视中的集成电路得以大规模量化生产；1977年天文学家对射电望远镜解析能力的改进，触发了"无线局域网核心技术"的开发。

这些进步无时无刻不在证明着，太空领域的投资能够带动相关产业的发展。同时，对太空领域的探索对于国家军事防御而言，也是十分重要的推动力量。比如说，美国凭借发达的太空技术和卫星全球覆盖，获得全世界的咨询和信息。而中国对太空技术及相关领域的研发，势必形成对美国等大国的太空军事反制。

● 探索太空容易吗

早在1990年，被誉为互联网之父的温顿·瑟夫就曾经提出这样的设想："未来互联网将走出地球，随着人类探索外太空的脚步一起迈向宇宙。"而探索太空的实现，就意味着未来将让全世界真正通过卫星，实现全网络无死角覆盖，甚至可以实现和"火星人"视频通话。

互联网在日常生活中的作用越来越大，对太空的探索也迎来了全新的发展，但仍存在一些无法解决的问题：

1.太空未知因素太多，运营维护成本太大。

就目前的互联网技术来看，由于宇宙太空中未知的因素还比较多，卫星的周期性更换与发射航天器，以及相应的技术都必须同步实施更新，所耗费的成本恐怕是无可预估的。除此之外，相关的燃油成本也很高，比如SpaceX（美国太空探索技术公司）的一次太空旅行所需要的燃油成本在20万美元左右。

2.基础设施建设不到位。

现在全世界互联网使用的是TCP/IP协议（传输控制协议/因特网互联协议，又名网络通讯协议），对网络延时和信号中断的耐受程度还不高。在地球上，对于相隔几千公里的距离来说，通信的连续性没什么问题。但如果是在遥远的宇宙太空，就现在的通信技术来说，延迟性将成为通信上最大的障碍。

同时，探索太空最需要建设的基础设施是——卫星。也就是说，对卫星的要求会越来越高。因为宇宙中任何一次耀斑的发生或者极小的太空垃圾，都可能会对卫星网络造成杀伤性的破坏。再加上，卫星如果在宇宙太空出现了某些故障，所用的修复时间肯定要比在地球上花费的时间多很多。换句话说，如何能够提高卫星在宇宙太空的生存能力，是未来我们征服外太空必须越过的"高山"。

3. 对国家安全和国土安全带来诸多新威胁。

信息化时代，除了给太空开发带来了无尽的可能性，也带来了一定程度上的安全威胁。比如，"星载雷达""数据传输"等技术的飞速进步，让所有国家的地形地貌在卫星遥望下显露无遗。而随着技术的越来越先进，对于各国的军事重地、绝密工程、关键设施等的侦查与泄露，是对国家安全极大的隐患。

同时，无人机、热气球等"互联网+"太空所带来的便捷，也给国家领土安全带来了前所未有的威胁。因为这些高端技术一旦被黑客或者恐怖分子所利用，后果将会不堪设想。

●"互联网∑"全面进军太空

世界著名科技杂志《连线》创始主编凯文·凯利在《失控》一书中这样描述他看到的"网络"："没有开始，没有结束，也没有中心，或者反之，到处都是开始，到处都是结束，到处都是中心。"那么，基于我国现有的探索太空的基础技术优势，"互联网∑"行动计划对未来太空的探索有哪些开拓性的突破？

1. 开发探索太空的基础技术。

由于对宇宙太空的探索属于大系统、大生态产业，属于技术和资金密集型产业，所以技术投资往往不是一个普通企业能够承担的。

一旦到了"互联网∑"时代，随着政策的进一步宽松化，必定会有精英依托"互联网Σ"行动计划冲进太空领域，社会资金和资源都会大规模跟进，太空产业的发展和基础技术也会随之"水涨船高"。

尽管现在很多国家都已经意识到未来太空的重要性，也都开始尝试把"太空行业"逐渐商业化，但是仍是美国"一家独大"的局面。未来，如果我们依然无法把握"互联网Σ"行动计划，借势发展我国的太空业，那么未来的竞争也会注定没有话语权，甚至想要实现去外太空旅游的梦想，恐怕都要去美国排队了。

2. "互联网Σ"时代的大数据共享，将成就太空新格局。

在"互联网Σ"行动计划下，倡导的是所有信息、大数据的全球共享，可建立"互联网Σ"式新型太空。其中，肯定离不开各国之间的国家交流与共享。各国可以基于国家安全不受威胁的前提下，积极共享太空互联技术，并加强合作，发挥各自的优势，帮助落后的国家在"互联网Σ"式新型太空方面的建设。实质上，在"互联网Σ"行动计划下，各国都可以积极参与各种有关太空的国际间标准或者协议的制定。

中国的创业者们是时候把目光从"手机"转移到"太空"上来了，如果我们盯住的只是眼前的小利益，而放弃太空可能蕴含的更大利益，不就是"舍本逐末"的表现吗？

扫以下二维码并申请行业协会网站，即可获得所有裂变网站交易利润的2%推广服务费。

以下是阿凡达关于太空方面的域名及二维码：taikong.世界。

"互联网Σ"与未来

蜜蜂受到生存本能的驱使会去构筑蜂巢，而人类与其他物种最大的区别就在于：我们具有创造奇迹的能力。所谓的"奇迹"，其实就是生产力，而科技便是第一生产力。科技的力量是巨大的，它可以让我们达到事半功倍的效果。也就是说，我们只有创造新东西，想出新方法，才能够不断改写我们的历史。

敢问路在何方？无论是个人，还是企业，或者互联网技术的未来发展会发生哪些变化，我们都无法准确预见。但是，我们可以先来看看现在的情况是什么样子的。

● 未来，迷茫，未知

凯文·凯利曾说："中国是互联网的未来，而互联网对各个产业的颠覆才是大时代的刚开始。"究竟互联网会给个人和企业带来哪些变化呢？

1. 从传统企业来看，面临"转型"却又对"互联网+"理解有偏差。

英国演化经济学家卡萝塔·佩蕾丝认为，"每一次大的技术革命都形成了与其相适应的技术—经济范式。"当前的形势下，中国企业面临转型的主要痛点有：劳动力转型问题，由于短期利益诱惑导致的长期失信于客户，还有就是传统企业无法真正实现数字化等。

当然，仅从字面上理解"互联网+"，是很容易的，即传统服务和应用与互联网的结合。但实际上，"互联网+"的深刻含义远远不止这些。

真正意义上的"互联网+",指的是移动通信网络+大数据收集、挖掘、分析、整合、智能感应能力形成的新的业务体系和新的商业模式。"+"的内容不仅仅是传统行业,还有政府的扶植、推动,技术的更新链接、人才的培养链接,以及服务链接,最终实现互联网企业与传统行业的全面对接。很明显,这些与互联网的真正链接,我国的传统企业都还未真正实现。

2.从个人角度来看,就业创业难,前途迷茫。

2016年夏季,我国有700多万名高校毕业生,青年就业群体大约有1500万人。"最难就业季",创业难不难?除了"僧多粥少"等困扰青年人创业的因素还有资金紧缺,比如,由于没有固定收入,融资方式受到一定限制。同时,由于是初期创业阶段,缺乏经验和能力也是制约就业创业的两大因素。

就业的目的就是为了独立生存,而很大程度上职业的选择和个人心理、家庭背景、社会大环境有着密切的关系。找到一份满意的工作才能实现个人价值,也就是说,工作代表了个人与家族成员的所有希望。这就导致年轻人在日后的就业过程中,首先选择的是高薪水和高福利。这也就能够理解为何"用工荒"和找不到工作两种矛盾的现象出现。

"唐僧"求得真经是在历经了"九九八十一难"之后。无论是对于企业还是个人而言,未来的时代发展趋势都充满了挑战、未知、迷茫,同时也是充满机遇的。

●"互联网∑"行动计划带来的未来趋势

《易经》有言:"倾否,先否后喜。"意思是说:如果不做任何改变,封闭到最后的结果就是窒息死亡。所以说,最好的方法就是自我改变,最后的结果必定是好的，只是中间的过程是痛苦的。无论是个人还是企业，都应该变革现有的思维方式和封闭的状态，把握时代的脉搏，顺势而为，充分利用好"互联网Σ"行动计划，在大时代中先苦后甜，成就自我颠覆，成为时代的弄潮儿。那么，在未来的"互联网Σ"行动计划大潮中，个人和企业都将迎来哪些变化？

1. "互联网Σ"时代的裂变技术，对个人及企业的影响。

"互联网Σ"时代的裂变技术，对于个人来说，无疑解决了就业创业中遇到的资金、技术、经验不足等问题，实现了最短时间获得盈利和保证了产品的销路问题。"互联网Σ"时代，能够给创业者提供一个可以实现自我价值的平台，而且会根据每个创业者不同的特点和需要裂变成不同的项目和平台。

而对于传统企业而言，有了"裂变技术"就意味着插上了一双翅膀。随着专业化分工越来越细化，裂变产生了产业链两端——生产服务与加工制造的分离，从而实现了企业发展的新形态，实现了价值链的分化、独立，这就是企业意义上的裂变。

2. "互联网Σ"时代的共享技术，对个人和企业的影响。

"互联网Σ"时代的一大特点是倡导信息、数据和资源的共享。所谓"共享"是指不求获得利益的前提下，将自己的资源、信息、数据通过基于"互联网Σ"行动计划打造的平台分享给所有用户的过程。

正如《双城记》中所描述的那样："这是一个最好的时代，也是最坏的时代"。"互联网Σ"时代也是这样的一个时代，而之所以说这是一个最好的时代，是因为"互联网Σ"时代的有效连接、交互、分工协作、智能等特征会让一切想象成为现实，所有机会和信息、资源都是共享的，我们都是别人的机会，而所有人也都是我们的机会。也就是说，对于个人和企业而言，最大的意义就在于"平等性、公平性"，每个人和企业通过融入

"互联网Σ"行动计划，获得的机会和信息也是平等的。

尤其对于企业而言，"共享"的意义在于，不仅可以共享资源、信息、大数据，还能实现企业之间的联合办公，共享人事、行政、财务等，最终将实现各企业间的优势互补，为满足真正用户需求提供方便和更加优质的服务。

无论对个人还是对于企业来说，"互联网Σ"时代都将开创一个契机，这也是一个互相融合重生的过程。相信在"互联网Σ"行动计划的飞速发展过程中，我们的未来和企业转型的未来都将与互联网技术紧密相连，这势必会引领个人和企业获得一个挑战与机遇并存的世纪机会。

扫以下二维码并申请行业协会网站，即可获得所有裂变网站交易利润的 2% 推广服务费。

以下是阿凡达关于未来方面的域名及二维码：weilai.世界。

"互联网Σ"与生命工程

"万物皆有生命",生命无处不在。一棵小草、一只小猫,以及每个人都是有生命的。而不同的人对于"生命"的理解是不一样的。

基督教信徒对于"生命"的理解是"上帝创造";文学家对"生命"的理解是"情感"的寄托;化学家眼里"生命"是一系列化学反应;早期的生物学家并不关心生命的本质是什么,他们关注的是"生命是如何进化而来的";现在,分子生物学家把"生命"理解为一系列基因和蛋白组。其实,所谓"生命"指的是所有生物自我生长、繁衍、进化、消亡的过程。

● 生命工程发展现状

我国不仅仅是人口大国,也是生物资源大国,有着丰富的微生物资源和动植物资源及广阔的市场前景。这些都为我国生命科学技术工程及相关产业的发展提供了必要的前提。

1. 我国生命工程取得的成就。

我国对于生命工程的研究,起源于20世纪50年代对生物化学、细胞生物学、神经科学等有关医药和农业方面。近几年,我国在生命工程领域的主要研究成果集中在生物化学和神经生物学等领域。比如,在医药生物工程领域,我国涉及基因工程的药物已有约20种成功生产并上市,还有40多种药物已进入临床试验阶段,而且产品的市场占有率也显著提高。

现阶段,我国生命工程的研究领域主要致力于基因组、蛋白质组学,及重大疾病相关基因识别与克隆，分子生物学和生物化学，细胞学和发育生物学等等。而且，随着我国在生命工程领域实力的增加，也承担了越来越多的国际责任。我国是唯一一个发展中国家加入人类基因组测序的国家，还承担了1%的人类基因组的测序任务。

目前国际上最畅销的十大医药品种中，我国自主研发生产的品种占80%；在农业上，植物基因应用与杂交水稻的研究及微生物基因工程的研究，在很大程度上都取得了可喜的成就，为推动全世界农业技术的发展贡献了巨大的力量。

尽管我国的生命工程研究已经取得了不错的成绩，但是相对于我国的基本国情来说，还有一定的差距。我国是人口大国，但是在一些重大疾病或者农业效益和质量方面还面临诸多挑战和问题。这都说明我国现在的生命工程研究仍有待提高，需要向更高级的层面发展。

2.我国生命工程技术及产业化面临的问题。

我国生命工程技术及产业化面临的主要问题中，"克隆"技术首当其冲，比如存在效率困境和伦理压力。效率困境主要体现在，大型哺乳动物从体细胞到克隆胚的成活率在10%左右，加上饲养过程中的死亡率，最终的克隆成功率大概在5%～6%之间。伦理压力主要表现为，在对大熊猫进行"克隆"时，很多人提出质疑，认为"克隆"是在妨碍大熊猫的自然繁衍，是对自然生态的一种破坏。

尽管我国在生命工程技术方面取得了喜人的进步，但是在产业化推进的过程中，却面临着很多问题。以基因工程药物为例，从技术的角度来看，我国与世界最先进的水平差距比较小。我国目前生命产业化发展遇到的瓶颈，从产业的角度分析，主要涉及目标蛋白的纯化与工艺的放大，以及产品质量的检测不达标。

除此之外，生命工程相关产业资金投入不足，同质化也比较严重。生物技术产业是资金密集型产业，存在高投入、高风险和高回报的产业特征，因此，资金短缺是首先需要解决的问题。然而在我国，存在企业小而散，生产水平低，单位成本高，利润摊薄，规模效益差，市场占有率低，以及许多贷而不还的现象，因而受国外产品的冲击较大。

●"互联网Σ"行动计划能给生命工程带来什么

近千年来，整个人类社会的根本性变化其实并不大。2000年以前，中国已经能够制造"铁"工具，现在我们有些家庭还在使用铁锅做饭。但是近300年期间，科技的创新，却使得我们整个社会发生了翻天覆地的变化。蒸汽机和电力的发明及应用，颠覆了整个社会的发展进程。

在趋势面前，比尔·盖茨曾说："掌握信息不如掌握趋势。"

那么，在未来，"互联网Σ"行动计划又会给生命工程的发展带来什么呢？谁能够率先意识到"互联网Σ"这一全新理念的巨大影响力，谁就能及早投入市场、占领市场。

1. "互联网Σ"时代的共享性为生命工程带来新的发展契机。

古代冶铁技术的发展，促进了人类文明由奴隶制向封建社会的转化，蒸汽机和电的发明和广泛应用，引发了工业革命，资本主义社会也随之产生……同样，以共享和智能裂变技术为代表的"互联网Σ"时代的崛起，必将引领人类进入一个真正的"共享"社会。

"互联网Σ"行动计划下，强调"共享"，不仅仅是生命技术的共享，商业模式的共享，对于投资生命工程的企业来说，目的在于通过共享高端生物技术，采取"优势互补、共享共赢"。对于生命科学技术本身而言，则意味着技术打破封闭格局后的加速突破和发展生命工程型企业。

2."互联网∑"行动计划产生的大数据对生命工程的影响。

"互联网∑"行动计划产生的大数据，可以进行充分利用，并可把大数据分析、管理，共享到公共服务平台或者多家机构。这种大数据不但能够为临床试验和科学研究提供及时的数据依据和反馈，而且能够促进科研合作共享，提高样本的使用效率。

近几年以来，我国生命工程产业增长速度非常快，生命科技引发新的技术革命的风潮正在加速形成，也必将催生新的产业。"顺势而为"，缩短生命科技与消费者用户之间的距离，创新技术和产品，填补市场空白，最终提升人们的生活质量，这才是即将到来的"互联网∑"时代的开始。

扫以下二维码并申请行业协会网站，即可获得所有裂变网站交易利润的 2% 推广服务费。

以下是阿凡达关于生命工程方面的域名及二维码：smgc.世界。

"互联网Σ"与宇宙万物

如果提到"上帝创造万物"或者"盘古开天辟地",估计大多数人的反应是,"这不是真的。"

爱因斯坦曾经说过这样一句话:"小如咖啡杯等物,尚且需要一种力量来安排;那么您想一想,宇宙拥有多少星球,而每一星球均按一定轨道运行无间,这种安排运行力量的即是'神'。"

地球再大,也只是太阳系的一部分;太阳系再广阔,也只是银河系的一部分;银河系又只是整个宇宙天体的一部分。地球以30公里/秒的速度绕着太阳做着周期性转动,太阳则带着地球等九大行星以1500英里/秒的速度围绕银河系核心旋转,而银河系又围绕着不知名的中心转动。整个宇宙万物的运行都那么有条不紊,你说奇妙不奇妙?即使是偶尔出现的天体陨石、彗星、流星的撞击,但这并没有对宇宙万物产生任何致命性的影响。

互联网技术的普及,带动了人与人之间的交流,也促进了企业与行业间的互联、互通,那么会不会对宇宙万物产生影响呢?互联网的渗透已经从"人人相连"转向"宇宙万物相连"迈进,即通过互联网技术让宇宙万物互相联系,并把这种概念渗透到所有行业,如制造、医疗、农业、交通、运输、教育等都正在形成产业互联网化。这一变化无疑能极大提高工业、农业和服务业的生产效率和效益,拉动整个国家GDP的增长。

● 我们距离"宇宙万物相连"还有多远

我们可以通过不同的卫星，对宇宙进行高精度的观测，并绘制出宇宙图，研究出宇宙发展的历史。相对于太阳系、整个银河系及宇宙万物来说，我们仅仅是生活在宇宙上的一粒尘埃罢了。而我们对宇宙万物的研究，是基于对宇宙万物精确的追踪和互联之上的，这也就是说，我们需要建立强大的数据库，才可以实现对宇宙的探索。

1.从安全形势上看，距离"宇宙万物互联"还有一段距离。

360创始人周鸿祎曾说："在PC互联网时代、移动互联网时代一直存在着网络安全问题，互联网发展到万物互联时代，网络安全形势非但没有减弱，相反会越来越严峻。"从个人角度来说，个人隐私、个人财产安全形势不容乐观。许多手机或者电脑里的个人信息和数据在互联网环境下，甚至于越来越多像智能手环这样涉及身体健康隐私的数据，面临被泄露的危险。同时，由于互联网金融的飞速发展，金融工具也由移动终端转移到可穿戴设备上来，这无疑也增加了个人财产安全的威胁。

而对于企业来说，大多数使用的是BYOD（全称是Bring Your Own Device，即携带自己的设备办公）。此外，也有很多员工会携带各式各样连接Wi-Fi、3G/4G、蓝牙等网络的智能设备进入办公场所。这也使得企业信息的安全性大打折扣，随时有可能被人窃取和复制。

2.互联网正通过宇宙万物渗透到各个产业。

纵观互联网发展现状，"淘宝""京东""人人车""途牛网"的出现，预示着互联网+传统行业的发展如火如荼。从这些互联网链接传统行业的例子来看，互联网作为一种先进的技术和手段，不是颠覆，而是将传统产业的优势充分凸显和发掘出来。

互联网与金融的结合已经在市场中形成广泛认同,随着一些公司陆续获得上市牌照,在"互联网+金融"领域的竞争和投资会越来越激烈。新兴业态板块中的"互联网+金融"股有望成为贯穿未来的投资热点,"互联网+金融"将迎将来全面爆发式发展期。

● "互联网∑"对宇宙万物的影响

马化腾曾提出建立"互联网时代的全宇宙观",意思就是说,宇宙万物不仅有求物质生存精神生存的本能,还有人际关系诉求以及社会诉求。如果我们能够在人际关系中被认可,在社会上实现自我价值,尽情展现天赋,这时候的人们就会自觉或者不自觉地进入"合一人"的状态。所谓"合一人"就是与宇宙万物融为一体,融会贯通的境界。在全球1.5万亿个事物中,仍有99.4%尚未联入互联网,有朝一日它们将会成为万物互联的一部分,所创造的价值恐怕是无可估量的。

1. 一切资源可以共享。

现在我们为什么会出现难觅资源、朋友、项目和资金?原因就在于我们每个人所坚持的是分裂的世界观,是在用自己的眼光看待这个分裂的世界。试想一下,如果我们每天睡醒时一睁开眼,看到的只有悲伤和不满,只有孤独和无奈,那么,我们活着的每一天都在强化训练自己割裂的世界观,是不可能看到宇宙的整体和未来的希望的。

然而,现实是残酷的,许多成功人士并不想把自己的优势资源与他人共享。而且一听到有谁想"打他的资源的主意",就会用尽浑身解数去阻止对方,双方"内耗"的结果是两败俱伤,浪费了彼此的优势资源,增加了彼此的生存成本。如果宇宙万物的资源,比如矿产、网络、教育、资金、人力、智力、文化等都不共享,那么,人类社会即将在闭塞中走向衰败，甚至是灭亡，这不是危言耸听。

因此，在未来"互联网Σ"形势下，通过创造一些平台，实现各种资源、信息的同步共享，才能使整个宇宙，乃至万物越来越充满生机，才能向更高级的层次进化和发展。

2.大数据爆炸时代的到来。

在未来，传感器越来越微型化、智能化，我们就可以把它安装到人体、机器、动植物、电器上，通过传感器收集的数据，再通过无线网络和其他物体形成互相交换的大数据，这就形成了全宇宙的"万物皆联网，无处不计算"的世界。这样的话，即使是某台机器出现了故障，也不会导致整个机器系统的瘫痪，只需要通过传感器提前运算好设备维修和优化的时间，就可以控制生产过程中的不确定因素，减少故障可能导致的意外损失。

现在，全世界大约有300万个超大型的、重要的、日夜运行的机器，这些机器都在一定的状态下运转工作，其数据参数都是重要的监测指标。当装上传感器的微处理器日夜不停地运转、工作，可以想象，我们将迎来超级数据大爆炸的时代。

扫以下二维码并申请行业协会网站，即可获得所有裂变网站交易利润的2%推广服务费。

以下是阿凡达关于宇宙万物方面的域名及二维码：yzww.世界。

"互联网Σ"与创新建议

创新的作用不言而喻,它在国家进程和人类文明进步上都发挥了重要作用,有效地推进了社会发展。中国在经济"新常态"下,想要实现快速增长,必然要坚定不移地实行驱动发展战略。

中国创新能力是全球增长最快的,但中国制造"大而不强"是个既定的事实。在大家的生活中,大部分用品都是由国外发明的,很多具有高科技含量的产品虽然是由中国制造的,可是核心技术却都掌握在发达国家手中。就像大家用的苹果手机,同样是由中国来生产,可中国所得的利润却只有苹果手机巨大利润的"零头"。中国人口基数超过13亿,仅从事基础研究的科学家就有数十万人,可是获得诺贝尔科学奖的人少之又少;而人口基数只有几百万的瑞士,他们的科学家们却先后获得了20多项诺贝尔科学奖成果。

由于科技发展并不算十分顺利,导致"中国制造"向"中国智造"转型十分缓慢,从而引发中国经济与世界经济的巨大差距。多年来,中国经济的发展一直在"穷追猛赶",2015年世界GDP排名中,中国位居第二。可中国在技术水平、制造设备上的落后,形成"粗放型"的方式利用资源,造成资源大量浪费,资源的大量消耗成为了我国经济快速增长的基础,导致环境污染和生态危机一步步逼近,直到严重影响了人们的生活。

近几年,国家每年都要拿出大量的资金——将近四分之一的国内生产总值,用来保护生态和治理污染。从这方面来说,中国GDP快速增长,很大一部分都是"无效值",环境治理和生态保护,一定要通过大规模的科学技术创新来改善。

所以，只有通过提高自主创新，才能够提升我国的综合国力。随着"创新驱动生产"的意识逐步提高，创新成为我国社会和经济发展的重要因素。多年来，中国政府一直在加强推动创新的力度，为创新提供了一系列支持，更为创新指明了方向。在2014年，我国领导人强调："互联网日益成为创新驱动发展的先导力量，深刻改变着人们的生产生活，有力推动着社会发展。"

这意味着，创新的春天已经到来。

● "互联网∑"行动计划推动万众创新

在这样一个新的时代，互联网的广泛应用给社会注入了活力，依托互联网的互联互通，集众人的智慧，形成真正意义上的"万众创新"，即每个人都能够走上创新之路，为国家未来书写新的篇章。

互联网的发展，是社会发展的大势所趋，是民族进步的未来导向，更是一个国家的发展机遇所在。近些年，互联网在中国发展迅猛，据有关调查报告显示，截至2016年6月，中国网民人数已达6.88亿人；全球互联网十强企业中，有四家属于中国。这些数据表明，我国已经逐渐展现出一个世界网络强国的雏形。在中国市场上，互联网产业是一个传奇，其发展速度之快，是国家GDP增速的5倍，所占GDP的比重也比很多发达国家高出很多。在未来，互联网将继续源源不断地为中国经济发展注入动力。

在国际经济市场竞争的格局中，中国作为一个追赶者，只有适应互联网的发展潮流，并引领互联网发展潮流，才可以让追赶的步伐更快、整合优势更突显，实现弯道超车。

"互联网∑"与创新深度融合，给创意提供了广泛的发展平台，驱动了社会变革的进程。阿凡达基于"互联网Σ"行动计划，打造了一个开放互通的互联网环境，正符合了大众创新所需的条件，为每个人免费提供网站，并且其独有的裂变共享技术，可以实现全球所有网站互联互通，信息共享。

通过"互联网Σ"行动计划，创建新型的技术和平台，让传统行业"获得新生"、创造出新的价值、形成新的发展生态。通过"互联网Σ"时代的信息共享功能，能够降低传播信息成本；"裂变共享"，能够推进产业升级转型……也就是这样一个过程，一定和创新息息相关。

2016年两会期间，我国领导人还强调：要努力营造大众创业、万众创新的良好氛围。万众创新，已是驱动中国经济提升的有效动力，推动中国社会实现公平正义的源泉。在这样一个新时期，创新已不再是少数人的行为，而是广大民众共同的事业，在这新时期，创新可以是一个个体的行为，当所有的个体融入"互联网Σ"行动计划后，就会爆发出强大的能量。

大众的智慧是无限的，"互联网Σ"时代，大众智慧能够获得尽情展现的空间、尽情施展的平台。如果在传统思维中，想创业，就一定需要依靠固定的要素，如资金、技术、渠道等，缺一不可，有着极高的创业门槛，导致只有拥有丰富的资源、经验的人才有机会成功，只能让草根阶层的创业梦扼杀在萌芽中。但现在不同了，在这个"互联网Σ"行动计划为主流的网络环境下，不管是谁，只要有好的创意，就能找到展现的舞台，打破传统的壁垒，实现全新的突破。在这个时代，最重要的已经不再是传统的生产要素，只要得到市场认可，就能获得应需的资源，从而把创意"投进"现实。

正如国务院发展研究中心副主任隆国强所说的，"我们不能只有一大批新经济互联网企业，同等重要的是，要用信息化的思维与技术来改造我们的传统产业。""互联网∑"与工业制造业两者相结合将带来重大发展机遇。

工业转变发展方式，一直都是创新最活跃的领域。通过"互联网∑"时代的全球信息互通技术与全球无障碍沟通，从而可以使规模经济和个性化产品定制有效地结合，还可以适应新型的消费结构，通过利用其信息技术整合资源，提高资源的利用率。创造出新一代的信息技术产业，形成信息技术与工业发展深度融合，成为新的产业体系。

目前，中国正处于升级发展的重要阶段，要想在世界科技发展中"弯道超车"，突破资源环境等因素的限制，实现新跨越式发展，就一定要抓住目前"互联网∑"与创新结合的黄金期，实现科技与资源深度融合，促进经济迈向更高的水平。

扫以下二维码并申请行业协会网站，即可获得所有裂变网站交易利润的 2% 推广服务费。

以下是阿凡达关于创新建议方面的域名及二维码：www.jianyi.世界。

第六章
买全球，卖全球：最不经意的理由

终结传统外贸的瓶颈

2016年1月13日，海关总署新闻发言人黄颂平介绍了我国外贸进出口的最新情况："2015年全年，我国货物贸易进出口总值24.59万亿元人民币，比2014年下降7%。其中，出口14.14万亿元，下降1.8%；进口10.45万亿元，下降13.2%……"

经济指标下滑，表明在全球经济市场低迷的环境下，中国外贸形势也不容乐观。所谓"打铁还需自身硬"，全球性市场经济的大形势我们无法改变，但可以从自身找原因，终结我国传统外贸发展中跨境难的命运。

● 传统外贸瓶颈

传统外贸普遍面临三大瓶颈——外贸订单成交量减少、竞争优势减弱、产业链所处的位置难以提升。

1.外贸订单成交量减少。最近几年,受世界大环境影响,经济复苏乏力,造成外贸市场订单减少,很多外贸公司只能依靠降低价格来维系老客户,支撑公司前行。在这种情形下,公司一旦没有订单,将会无法存活。

2.竞争优势减弱。低成本一直是中国制造业发展的一大优势,但随着人力、物力等方面的成本不断增加,再加上东南亚地区成本优势日趋明显,许多国际性企业开始把工厂向该地区迁移。国内低成本的优势受到国内外双重压力的威胁,竞争优势大幅减弱的同时,利润空间随之日益减少。

近几年,由于外贸订单的减少,造成珠三角地区很多玩具工厂倒闭,形成大批玩具积压滞销的局面。甚至有些玩具工厂不得已采取按重量出售玩具的方式,像喜羊羊、超人等动漫玩具低至6元/斤,芭比娃娃7元/斤,很多客户都是按吨购买,有些玩具平均价格仅为2元/斤,堪称白菜价。

3.产业链所处的位置难以提升。我国属于发展中国家,很多技术水平和发达国家有差距。只有靠低成本的优势开展贸易,较低的利润回报,造成高科技产品研发资金不足,发展空间局限,难以摆脱产业链底端的困境。

传统外贸处在发展瓶颈期,造成了客户减少,产品滞销,给企业的生存也带来了挑战。

● **消除瓶颈**

传统外贸在当下环境中遇到这些问题,如果不能及时解决,将会使其错失市场,甚至走向灭亡。互联网的发展已经涉及到各个领域,外贸也不例外。互联网给传统外贸带来了冲击,同时也带来了发展的机会。互联网拓宽了获得新客户的渠道,其特点之一就是"去中心化",即可以去掉原来的中间环节,让采购商和供应商二者直接对话。

互联网发展的终极目标就是全世界互通互联，这也正是外贸所需要的，也就是我们首提的"互联网Σ"，通过一个开放、互通的互联网系统，把"互联网Σ"行动计划融入外贸中，会给外贸带来更好的发展机会。我们可以从以下六个方面，优化传统外贸的运营方式，解决当下传统外贸发展中遇到的问题：

1. 提升产业链。

在未来几年商业模式的发展里，价值链的改变会影响全球商贸格局的改变。随着互联网向各行业和新能源等领域渗透，"互联网Σ"行动计划已经成为一种趋势，将会逐步带动我国制造业的发展，各企业通过获取消费者的个性化需求，并且向全球各地直接销售既有企业自主品牌，又满足消费者需求的产品，让产品利润率呈倍数提高。同时，可以进行产业升级，改变价值链的地位，把我国从全球产业链低端向中高端提升，全面构建制造强国生产贸易新格局。

2. 提升国际话语权。

通过获取即时准确的国际贸易信息，不但能掌握国际贸易实时动态，并且能预测国际市场未来的发展趋势。大力发展国际支付结算系统，加强在线结算能力，完善在线支付系统技术标准，从而有效提高我国第三方支付在跨境电商的地位，获得跨国支付的优先权。随着我国跨境电商的发展，在国际上的地位越加突出，未来我国将可以引领跨境电商的发展，建立跨境在线交易、跨境认证等规范，最终掌控国际贸易的主导权。

3. 提升市场环境。

"互联网Σ"时代下的外贸，在外汇支付、企业认证、产品分销等方面与传统外贸有着明显差异。通过数据共享、云商等技术的运用，直接决定了市场的发展方向，充分发挥政府的作用，随着国家相关法律体制已经逐步完善，这必然会对传统外贸造成冲击，促使国家加快改革外贸管理体系，提高外贸管理服务水平，建立更加便利的外贸市场环境。

4.健全营销网络。

第8474期的《国际商报》中有一篇关于跨境电商的报道，其中指出，有数据统计显示，2015年，跨境电子商务对我国外贸的贡献率已达到18%，预计在"十三五规划"末，将超过30%。通过社交平台和电商平台等，国外贸易者可以直接从平台上获得企业信息，互联网平台是提升企业知名度有效的途径。利用在跨境电商平台积累的数据，企业还可以为相关需求者提供个性化产品设计和专项服务，满足消费者不同需求，实现精准营销。

5.提升综合服务。

"互联网Σ"时代下的外贸，可以整合国内资源、对接国际市场，提供包括国家税收、海外推广、信用体系、交易支持等外贸服务流程的服务，有效提高服务效率。通过应用新一代信息技术云商、大数据等，能够提升我国外贸体系的发展水平，降低服务成本，让中国服务扩张到全球各地，提高中国外贸服务在国际上的竞争力。

6.提高推广、销售效率。

做外贸推广应该熟练使用网络营销工具，如展会营销、邮件营销、网站营销等，互联网是个巨大的资源库，利用这些营销方式，能让国外采购商认识、了解企业产品。阿凡达商城是一个全球分销系统，全球互联互通。通过这个系统可以从自己网站商城上传产品信息，并通过自动推广技术，把产品信息免费推广到世界各地；也可以免费享用世界各地推送的信息，让客户资源更加广泛。另外，阿凡达商城拥有完善的信用体系，一次失信会使对方头像上永久存在水印标记，二次失信会让对方在"互联网Σ"时代的网络世界永远"消失"，让整个外贸交易过程更加放心。

世界在变，国际贸易市场环境在变，我国传统外贸要想适应国际环境，必须也要跟着变。如果"一条路走到黑"，肯定会陷入死胡同。

依托阿凡达独有的系统，利用其成本低、效益高、覆盖面广等优势，可以帮助传统外贸企业拓展营销渠道，增加客户订单量，摆脱处于价值链低端的困境，让传统外贸企业畅通无阻地跨出国门。

直戳外贸痛点：跨境电商不是梦

世界经济增长整体放缓，国际贸易增速趋于收敛。为适应国际化竞争，各国商家都开始着力于缩短流通环节、拉近与消费者之间的距离、降低中间成本。跨境电商全球范围的快速发展，恰恰为此提供了适合的渠道。

跨境电商的运作过程，实际上是以完成商品的配送为终极目标，用电商的方式，在不同国境交易主体之间进行。

近年来，跨境电商在中国市场可以说是风生水起，呈现出逐年递增的发展趋势。

● 跨境电商辉煌背后的痛

在经济转型、传统外贸疲软的大背景下，跨境电商确实给我国外贸发展注入了一股鲜活的力量。但任何事物的发展都是一个不断完善的过程，跨境电商也是如此。在跨境电商提振外贸的同时，自身存在的一些痛点也逐渐显现出来。

1.本地化运营不足。

本地化运营不足，造成买家和卖家严重脱节，也就无法达成交易。传统营销基本上已经失去了竞争力，企业要想存活下来，继续生存和发展，就一定要打破传统的营销模式，寻找新的营销策略。谁能够实现买卖双方无障碍沟通合作，谁就更容易获得更多订单。中国加入世贸组织以后，许多企业已经跨出国门，产品也销往全球各地，可是大多都是传统的线下营销，很少见到真正在海外本土化运营的企业。

2.专业性人才稀缺。

跨境电商的专业人才可以说是"千金易得，一将难求"。当2015年被大家称为"史上大学生最难就业季"时，东莞的电商行业却呈现出"最难招工季"。电商的快速发展，让东莞对此类人才的需求增多，据东莞电商协会粗略统计，东莞电商人才缺口达到8万左右而跨境电商人才更是稀缺。东莞跨境电商协会有关人士透露，"现在很多企业想做跨境电商，但因为不会、缺人、没氛围只能作罢"。

3.管理制度不健全，诚信体系建设不完善。

近几年，跨境电商快速发展的同时，市场管理秩序不规范、诚信体系不完善等问题也都显现出来。

（1）跨境物流碎片化给监管造成了困难。跨境电商零售大多都使用小型包裹，邮件零散且数量繁多，造成海关通关管理部门无法适应。因为监管执行不严，所以常会出现假冒伪劣商品，或通过瞒报、代购等方式逃避税收的现象。

（2）跨境电商进口通关制度不完善。跨境电商通关口现在还属于初试中，跨境电商进口的规章制度必须尽快改进。而且，口岸单一窗口机制还不完善，现场监管部门多，但却管理分散，跨境电商运作成本高，进口通关效率低，使得消费者跨境网购的意愿大大降低。

（3）跨境电商现阶段没有统一的统计制度。现在许多统计数据的来源、定义、口径等都还不明确，造成跨境电商在我国难以进行精准的数据统计，给一些部门的判断带来了困难，现在急需建立统一的标准。

● 无境电商：跨境电商的救命稻草

跨境电商是外贸发展的一个趋势，但其自身在发展中存在的不足之处，制约了我国外贸的发展，究其根本原因在于交易渠道不完善。"互联网Σ"行动计划催生了外贸企业梦寐以求的跨境电商平台，解决了跨境电商存在的问题。

阿凡达是全球性的，可以让一个国家向其他国家销售商品时，像在自己国家一样，让一个国家在其他国家采购商品时，也像在本国购物一样。阿凡达商城通过利用大数据共享、裂变、云商等技术，让贸易开展起来更加便利，从而打造一个贸易地球村，让全球贸易从跨境电商，走向"无境电商"。

1.阿凡达商城系统建立了严格的电商信用体系，稳固了市场秩序。

在阿凡达商城系统中，让制假、售假等欺诈、违法行为没有容身之地，给企业、产品建立起良好的交易环境。

2.完善语言交流环境，整合资源。

在跨境电商的发展中，因为语言种类繁多，要想将其整合统一往往是一件很麻烦的事。阿凡达商城里的"文字通"包括世界各国语言，让用户之间轻松交流，并通过信息共享系统整合各国各类资源，形成跨国境、跨语种的资源共享，有效解决了语言本土化造成的交流不通和开展跨境电商成本过高的问题。

3.有效解决扣税、退税问题。

因为近几年跨境电商兴起，规模不断扩大，因此制定完善的产品扣税、退税体系，有助于推动企业对外贸易的发展。通过把国家出台的税收优惠政策和电商结合在一起，将有效地降低外贸运营成本，促进外贸的转型和发展。于是，阿凡达商城系统建立了自动扣税、退税体系，对于出口，采用"清单核放、定期申报"的方式，为企业办理扣税、退税，扶持外贸企业的发展；对于进口，打造一条阳光跨境通道，在平台上标明交易商品的价格、运费、税收，让消费者看得清楚明白；构建和谐的电商环境，方便税收、退税工作的开展。

4.畅通的信息体系，共享全世界的海量数据。

阿凡达的全球信息同步同享技术可以详尽地把握海外市场信息，及时了解消费者偏好，制造符合市场需求的产品。另外，阿凡达跨境电商平台信息化建设，包括海外推广、交易支持、在线支付、信用体系等服务，为产品交易提供了优质的信息化服务。

基于"互联网Σ"行动计划构建的阿凡达商城系统完善了全球电商贸易环境，传统外贸的供应链被极大地缩短，减少了原有交易中的许多繁琐的环节，节约了成本，进一步拓宽了海外营销渠道，是一个全新的世界贸易体系。

抢先机，就会占领高地，让企业获得更好的发展，获取更多利益。

依附于阿凡达商城系统发展国际贸易的跨境电商，具备着独特的发展优势，势必引发一场新的外贸革命。

遏制刷单，肃清"水军"

很多有过网购经历的人都有这样的体验：购买的明明是好评率和销售量很高的商品，但收到货物之后，却发现产品质量平平，不尽如人意。相信许多人都对此事了然于胸——这种"超高业绩"，十之八九都是"水军"刷单的杰作。

刷单是以虚假的方式，通过"买空、卖空"提高商家的销量和信誉。刷单在电商行业早已是公开的秘密，京东公关部总监康健也曾表示"电商刷单并非新鲜事物，在行业是长久存在的"。成伙的刷单人就被称作"水军"，他们以帮助商家做刷单"服务"为生，但这只是水军的一部分。还有一部分被人称为"网络打手""网络黑社会"的"水军"，已经发展到了十分猖獗的地步。

这些"水军"直接对商户进行敲诈，不付钱就给商家恶意差评，让商家的信誉大受其害。他们通过使用20~50个账号，同时给商家差评。如果消费者看到评论区第一、第二、第三页都是差评，谁还会去购买这家店的产品呢？大多电商平台因为无从判定差评的真假，所以难以杜绝这个问题。

商务部研究院消费经济研究部副主任赵萍也说道："从卖家角度看，目前国内网店多如牛毛，所售商品以及提供的服务基本雷同，而消费者又倾向于商品销量、信用高的卖家。刷单成为卖家博得消费者点击量的重要方式。"

商家想要将商品转化成利益，首先需要在同类商品中脱颖而出。而电商平台上同类商品之多，任何产品都有成百上千个商家同时在销售，为了引起消费者的关注，商家就需要迎合电商平台的设计，刷单正好符合了商家的需求。

对于电商平台而言，商家雇"水军"刷单可以提高平台的人气，吸引更多的商家入驻平台，名气提高就会吸引更多消费者选择该平台购物。有些平台正处于吸引投资阶段，就会对刷单行为视而不见。

对于刷单者而言，大多是为了"挣外快"。刷单投资低，只要一台联网的电脑或手机就可以完成操作，且操作过程简单易学，时间自由，收入可观。据不完全统计，活跃在网络上，忙于"刷单"的人将近百万。

利益关系让刷单行为不断增加，但这种扭曲的商业发展形式，长期存在的话，肯定会对电商的发展造成致命危害。

● 刷单的危害

"刷信用、刷单是商业道德缺失的表现，是一种失信行为，它破坏市场竞争秩序，扰乱市场交易秩序，误导并损害消费者的正当权益。"中国政法大学教授时建中对刷单行为进行了评价，也告诉了大家刷单造成的损害。

1. 电商平台并非刷单行为的最终受益者。

任由刷单行为一直发展下去，就会造成消费者对商家不信任的现象，交易平台自身信誉也会受损，最终使交易平台失去公信力。信誉是电商平台赖以生存的根本，如果一个电商平台失去了公信力，消费者肯定不会再次从这个平台上购物。

对于电商平台而言，成功刷单的商家占据了经营的优势，正常经营的商家反而会敌不过这种不正当的竞争而逐渐消失。可想而知，当一个电商平台失去优良商家的支撑，只剩下靠刷单存活的商家，这个平台的生命周期也不会太长。

2.刷单并不一定会转化成价值，最终让商家得不偿失。

有些"刷单高手"确实可以提高商品的搜索排名，但相应刷单成本的付出，却并一定能换回相应的价值，价值转化率不一定获得提高。即使商品通过刷单排名靠前，可一旦商品与消费者需求不匹配，就无法把刷单的成本转化成价值。但是，如果想让自己的商品排名靠前，又不得不靠刷单来维持，如此恶性循环下去，得不偿失。

3.刷单极大消耗商家精力。

刷单不但要保证选择合适的商品，而且还要经常找不同的人操作，这样就没办法把更多的精力放在网店的运营上，导致客户流失。另外，商家在刷单时难免会遇到一些骗子，利用电商平台现有的制度，对商家违规操作进行诈骗，商家刷单行为本身也见不得光，只能哑巴吃黄连，默默承受。

刷单这种虚假交易行为，不但生成了大量的垃圾信息，而且对电商的交易环境也造成了破坏。这种违法经营的歪风邪气对经济市场、社会环境，都造成了严重损害。从根本上讲，"水军"刷单的行为违反了诚实守信的商业原则，给消费者造成错误的购买导向，破坏了电商行业健康发展的环境。所以，必须采取有效措施，对"刷单"行为进行制止。

要制止这些恶劣行为就要从刷单的主体下手，把这些"水军"彻底消灭，并完善网络制度，让刷单行为无缝可入。

● 天下无刷单

一个好的制度可以让坏人变好，一个坏的制度也可以让好人变坏。以刷单为例，新开的网店往往需要刷单提高人气，即使是没有经营网店的人，有时也会帮同学或朋友、亲戚刷单，这种现象形成的主要原因在于平台制度不完善。阿凡达商城建立了完善的管控和监督制度，可以彻底遏制刷单行为。

在阿凡达商城里，每个产品销售均有利润空间并自动分配，刷单要付出相应的代价。比如从电商平台购买手机，在其他的平台，一次性购买一百台手机，销售量马上就提升了，此时商家再把钱退回去，对刷单的人也不会造成什么损失。但在以"互联网Σ"行动计划为主导的网络系统里，一个人买一个手机付3000元，要退的话就只剩下2500元，那500元在阿凡达系统里面已经分掉了，不可能再退，除非是产品质量有问题。

所以说，在阿凡达商城的系统里，大家都十分"欢迎刷单"，因为刷单是要"出血"的，刷得越多"赔"得越惨。这样就保证了在"互联网Σ"行动计划为主导的网络系统里，销售量和产品质量的真实性得到了保障，99%都是真正的交易，剩下的1%也可能是做测试的。但是，做测试也必须付出相应的代价。

至于让许多商家"闻风丧胆"的"网络打手""网络黑社会"，在"互联网Σ"行动计划为主导的网络系统里一定不会出现。

1.阿凡达商城系统中，所有用户的身份都是真实的，每一个人都经过公安部身份认证。

2.一旦发生恶意差评事件，阿凡达相关分公司和保险公司就会上门取证。比如，有人买手机恶意差评，这时就会有第三方出来做鉴定，并出具鉴定报告。不但如此，还会给这款产品盖上水印，让大家知道这个商品是真的，并在系统网页显示。如此一来，商户被敲诈就等于做了一次免费的广告，敲诈就成了商户"求之不得"的事情。

对于敲诈者来说，判定是恶意差评后，用户头像就会印上永久水印，就像古时候在犯人脸上刻字。假如"水军"拥有 50 个账号,那么这 50 个账号上都会标上该水印,让"水军"再无生存空间。

其实,完善制度的最终目的是让商家可以诚信经营,太多的历史经验也告诉我们,诚信才是商户最好的经营秘诀,弄虚作假只会走向灭亡。

一次失信，丢掉整个网络世界

当下，百姓生活和网络世界联系越来越紧密，电商、社交、信息传播等无处不在，互联网方便了人们的生活，也改变了人们的生活。

可是，互联网在发展过程中也出现了很多问题，一些网络欺诈行为频发，让很多人对网络世界的诚信度产生了质疑，进而严重影响了我国互联网的发展，也危害到与互联网相关的每个人。

因此，构建网络诚信体系势在必行。所谓"千里之堤毁于蚁穴"，在互联网上进行的交易很可能由于一次失信，就毁掉你在网络上辛苦建造的诚信堤坝，从而无法立足于网络世界。

阿凡达三倍赔付诚信体系彻底解决了交易的信任问题，让交易双方无后顾之忧。

● **无诚则有失，无信则招祸**

纵观古今中外，诚信始终是个人、企业乃至民族生存的基本命题。

刘伯温所著的《郁离子》中记载了一件因失信而丧生的故事：

在济阳有一位商人，他在过河的时候船突然沉了，商人在落水后紧抓一根大麻杆大呼"救命"，有个渔夫听到呼救声赶了过去。

商人赶紧喊道："我是济阳最大的富商，你若救我，我就给你100两金子"。渔夫把这位商人救上了岸，但商人上岸后竟翻脸不认账，最后只给了渔夫10两金子。

渔夫说商人不讲信用，商人却反驳道："你一个打渔的，一辈子也挣不了多少钱，突然得到十两金子还不满足吗？"渔夫只好垂头丧气地离开。

但让人意想不到的是，后来还是这位商人，还在上次翻船的地方，又遇险了。有人看见了想过去施救，这时曾被骗的渔夫看见了说道："他就是那个骗我的人！"于是，见者都放弃了施救的想法，结果这个商人被淹死了。

故事里两次落水都遇到同一渔夫是偶然，但这个商人不得好报却是必然的结果。因为一个人不讲诚信，就不会得到他人的信任，遇难时，也就无人伸出援助之手。

正所谓"无诚则有失，无信则招祸"，诚信自古以来在人们的生活中不可或缺，孔子曾曰："人而无信，不知其可也。"

俗话说："君子爱财，取之有道。"这里的"道"字包含的一层重要意思就是诚信。当然，毋庸置疑的是对于做生意来说，诚信也是一样的重要。

诚信对于商家而言，是一笔宝贵的无形资产。"不诚于前而曰诚于后，众必疑而不信矣"，古时候司马光讲过的道理，现在仍有很多人不明白。就像现在电商的一些商家失信于消费者，造假售假，导致消费者在网上的骂声一片。

加强互联网环境的诚信建设，营造诚实守信的网络世界，不仅需要网民从自身做起，坚守诚信，而且还需要健全法律制度，建设并完善互联网信用体系，施行网络实名认证。另外，让网络透明化，把失信行业曝光于众，让欺诈行为无处藏身，建立起诚信互信的网络环境，也是必要的措施。

● "Σ"天下方能诚信天下

"互联网Σ"与网络的无限融合，打造了一个诚信的互联网环境。"互联网Σ"可以叫作互联网的后时代，让全世界人人电商，只要是你想得到的功能在这个平台里都有，如把后台前置，让这个社会越来越晴朗化，实现全透明。

以前有人做了坏事谁也不知道是谁做的，查不到源头。在以"互联网Σ"行动计划为主导因素营造的网络环境里，所有的人将成为"透明人"，所有公司都是公安部实名认证，第三方（保险公司）三倍赔付诚信担保，全球个人征信信息互通，把全世界透明化，失信则全球70亿网站同步曝光。

特别是做生意，透明化就不会担心买到假货，不会防备中间渠道，就好比我们在网上买一个产品，它一定是厂家上传的，它有营业执照，中间没有人做假，也做不了假。

以红酒为例，假如从国外进口一万吨红酒，但是在我们这里经常会出现20万吨的销量，那么另外19万吨是从哪里来的？只能是造假，造成这种现象的原因就在于源头上互不相通。但这一现象在基于"互联网Σ"行动计划开发的阿凡达商城却不存在。

阿凡达已经开始准备突破用DNA做密码来登陆系统网站的技术。一个人可以通过整容变成某个明星的模样，但是即使变一百个出来，也只有一个是真的。DNA识别技术系统就是只会认得你一个人，不管你怎么变，因为这样才是最安全的。

身份证可以做假，手机也可以做假，什么都可以做假，但是DNA做不了假，这是宇宙当中最有价值的东西。DNA技术保证了用户的唯一性，可以准确地查到源头。

通过阿凡达基于"互联网Σ"理念开发的网络平台，任何一个买家都能看到厂家，就像和厂家面对面。包括每一个二维码都是和厂家直通的，减少了中间环节。除此之外，在一个以"互联网Σ"行动计划为主导的网络系统国家扣税、统计等都是相当完善的，可以自动扣税，这就是把互联网用到极致的表现。

在"互联网Σ"行动计划引领的网络环境下，保证了商户的真实性，再通过锁定曝光技术，给人们制造了一个必须讲诚信的环境。

为什么这么说呢？如果一个人卖假货、不诚信，全世界都会看着这个人。如果他销售1000元假货，保险公司就会赔付消费者3000元，消费者不需要和商家去理论。更为重要的是，通过于"互联网Σ"基础上创建的网络平台，能够把卖假货的人在全中国，乃至全世界曝光。在这样的环境下，慢慢就会形成不敢有人卖假货、不敢不诚信的良好局面。

诚信是做人之本、兴邦之道。商家失去了顾客的信任，就等于失去了市场，也就等于失去了生存的环境。

第七章
智慧城市及物联网的基础信息供给源

共享全球资源，零风险创业

创业进入寒冬，这个事已经不是一天两天了，虽然很多创业大咖都说："梅开苦寒，冬天已经来了，春天还会远吗？"但是大部分憧憬创业的"潜力股"，面对瞬息万变的创业信息，总是望而却步。创业风险就这样轻而易举地攻陷了一大批有志之士，我们不禁好奇，创业风险究竟有多可怕？

● 创业有风险

我们对未来的害怕，大多是来自对未知世界的恐惧，创业这件事，亦如此。

首先，创业技能是基础条件。正所谓"纸上得来终觉浅，绝知此事要躬行"，我们信心满满地想要创业，画出美好蓝图，奈何始终没有实际的操练经验，解决创业问题的能力还有待提高，创业风险油然而生。即使参加过创业培训、积累了专业的技能经验、接受了创业指导，实际中遇到的风险依然是无法估算的。

经验风险，源于自身对于创业历程的未知。人非圣贤，孰能无过？十全十美并非人生，又有谁能对自己做出丝毫没有偏差的评价呢？这样看来，经验着实是横亘在创业路上的一只拦路虎。

其次，也是最重要的，就是创业过程中的决策失误，但多数时候是可以避及的。很多人单单凭着出类拔萃的专业技能，就想在创业领域一较高下，然而影响创业的因素却是多种多样。人脉的积累、产品的研发、流通的渠道都是创业旅程中不可忽略的重要因素，创业时期存在的管理风险是影响企业生存的一个重要因素。

最后，"巧妇难为无米之炊"，资金对于创业影响的重要性不言而喻。资金是否足够支持企业的运行，是影响创业生死存亡的关键点，然而创业初期的新生代企业，单凭自身的资金始终无法满足发展的"血盆大口"，想要引进资本，却没有广阔的人脉和丰富的经验。由此来看，资金问题是影响大众创业心理的基本因素。

● 互联网与创业

多少人打算创业是做好了在风口刀尖行走的打算，又是多少这样的生活，阻挡了创业路上的"青年才俊"。我们总是幻想创业成功之后，喝彩、礼花、鞭炮锣鼓，却在风险面前止步前行，这样的处境我们还要持续多久？

随着互联网时代的日渐兴盛，信息革命的时代逐渐来临，社会发展的各个方面深受其益。从传统互联网、移动互联网到总理提出的"互联网+"，深受社会和业界的追捧。早在2013年，马化腾在"WE大会"上就曾明确自己的观点:"互联网+"是互联网未来发展的路标之一。

"互联网+"对创业起到了积极的推动作用,形成了创业生态圈。互联网项目的脉络化发展,将智能硬件、可穿戴、生物等领域有机联系起来,行业的升级发展指日可待。然而,现在互联网界一股新生的力量正在觉醒,作为"互联网+"的进一步发展,"互联网Σ"行动计划又将和创业产生怎样的化学反应呢?

资源共享作为"互联网Σ"时代所涵盖的重要特点,其完全颠覆了传统创业形式,另辟蹊径,走出自己的创业之路。

我们不禁好奇,究竟互联网与资源共享是怎样影响创业的呢?

大家对创业跃跃欲试却又止步不前,多数是忐忑不安于创业存在的风险。资源共享究竟又是有着怎样的魔力,实现共享全球资源,零风险创业呢?

● 互联网与共享

传统的创业方式,"经验"是创业成功与否的重要因素之一。然而,这样做的结果是,由于信息相对闭塞,只能眼看着一个接一个的创业者跳进"火坑",却无能为力。

飞速发展的现代社会是这样,古圣先贤也是深受其害。唐伯虎作为一代风流才子,也是难逃信息不畅,"经验"作祟的厄运。

相传四大才子聚首农家,共享田园美色。酒酣饭饱之后,大家悠闲漫步于院子外的桃园林里。看着垂涎欲滴的大蜜桃,饱读圣贤书的才子们肚子里的馋虫也会作祟,于是,一个随性的偷桃计划就这样诞生了。

唐伯虎第一个进入了桃园,不久就出来了。

祝枝山第二个进入了桃园,没过多久也"悠哉悠哉"地走出来了。

……

直到最后一个人，也是两手空空，却似乎在回味着桃子的美味。几个人互相看了看，大笑起来。其实，唐伯虎第一个进入桃园，发现里面有一条大狼狗，正虎视眈眈地盯着他，看着美味的桃子却无从下手，只得悻悻离开。

其余的人，接二连三的也是如此，无一例外。

可是，既然已经有人验证了此路不通，为什么还会有人前赴后继呢？这都是"经验"惹的祸！当然，第一个人第一次进去的时候，是没有经验的，他能做的只有同样的亏不去吃两次；第二个人第一次进去的时候，也是没有经验的，但是他完全可以借鉴第一个人的经验，然而由于种种原因，他并没有。

以此类推，其余的人也是如此。

在古代社会，经验尚且如此重要，更何况经济飞速发展的现代社会呢？在信息瞬息万变的创业世界里，我们更应该争分夺秒，而通往创业成功的捷径之一就是"经验"，从他人的泥泞中汲取教训，自己就会少走很多弯路。

然而现实是，更多的时候，不是我们不去借鉴创业路上前人的经验教训，而是我们没有足够的幸运，遇见创业路上经验丰富的贵人指点一二，我们翘首企盼，却终是失望而归。

互联网作为现代科技的运用，越来越被大众熟知，也逐渐渗透到时代、社会、国家发展的方方面面，其对创业的影响更是不容忽视。

当然，互联网也不是一成不变的，也是逐渐进步发展的。互联网正值兴盛时代，资源共享作为互联网时代的特有标签，当然也是日渐流行，为企业发展的升级转型贡献自己的力量。

那资源共享对创业来说，又有什么制胜秘籍呢？

从传统的互联网、移动互联网到"互联网+",互联网迈出的每一步都是信息传播、资源共享的崭新发展。尤其是我们提出的"互联网Σ"行动计划,更是互联网的新生代产物。

"互联网Σ"作为互联网发展的必然趋势,资源的共享发展,在其范围内更是完善。每一个创业者,都有自己的互联网档案,如何起家、遭遇过哪些状况、如何走向成功或者没落,经历过怎样的九死一生最终还是不敌市场的瞬息万变,都有着详细的记录。有了这样详尽的"经验"共享,我们的创业历程必然会减少曲折磨难。

这样的互联网更像是一个创业的发展论坛,大家讲述自己的创业故事,将自己的经验、教训,事无巨细地展现在大家的面前。

当然,资源共享的优势还不止如此。

想要跟上瞬息万变的市场,全球的互联互通必不可少。市场的变化,就像美国得克萨斯的蝴蝶效应,牵一发而动全身。"互联网Σ"时代里,这些都不用担心。因为互联网里有着全球的一切发展记录,走向创业不再只是梦,里面有你需要的一切,无论是专业的技术指导,还是详尽的管理经验或是充实的资金支持,你可以找到自己需要的一切。

而这一切,都是"互联网Σ"时代的特征,想要实现全球的资源共享,零风险创业,互联网的发展也是不容忽视。

在这个"大众创业,万众创新"的时代,想要大众实现创业梦,实现零风险创业刻不容缓。

实现O2B，绕过囤货陷阱

时代在发展，互联网技术在发展，商务模式怎能有停滞的道理？

比尔·盖茨说："21世纪，要么电子商务，要么无商可务。"

提及电子商务，首先冲入人们脑海的不外乎O2O、B2B等。的确，它们在互联网时代初期的确让很多企业尝到了甜头，却不会让我们一直"甘之如饴"。

● O2O模式："超人"并非完美

O2O模式是线下商城与互联网的"完美"结合。O2O从最开始的线下商城逐渐与互联网结合起来，成为线上、线下一体化的商务发展模式，使得互联网也顺势成为线下交易的前台。同时，凭借其自身的优势，如方便快捷的购物模式，轻松简单的交易方式，很快得到了规模化的发展。

究其原因，一方面，线上商城较之实体商城，拥有更加丰富和全面的商品信息，方便消费者货比三家，择优而从。甚至能够让消费者获得比实体店更大的折扣价，给予消费者最低的价格，享受最好的服务。

另一方面，对于商家来说，线上商城的商务模式，更加方便了商家展示自己的商品，而且给了商家为自己代言的机会，宣传和推广效果由产品的展示和服务决定。线上的交易模式，也实现了每笔订单的可追踪性，更加方便了商家定期分析总结销售业务数据及原因，以便于更好地维护商家与客户之间的关系。

当然，O2O 模式对于商家来说，有效降低了商家的营销成本。单从租金上来说，由于摆脱了对黄金地段的依赖，因此节省了一大笔开支。节省出的资金反馈给消费者，则意味着更多的优惠折扣，不失为吸引顾客的一个有效手段。

O2O 模式为买卖双方带来了巨大的利益。然而，技术和服务都在不断进步，O2O 模式的弊端也逐渐显露出来。

1. O2O 作为线上、线下合作交易的贸易模式，突破常规的传统交易，网络成为必不可少的交易手段。网络交易增加了暗箱操作的空间和概率，引发了严重的诚信问题。无论是服务提供商面临利益诱惑的无法自拔，还是黑客攻陷网络造成的损失等，线上商城的违法违规行为都是难以预测的。由此看来，完善的诚信机制必不可少。

2. O2O 以固定的商务模式发展，虽然盈利模式相对清晰，但是造成了发展的单一化，团购网站就是最好的证明。同质化竞争太过严重，后果只能是团购面临的问题愈加严重，需要接受的考验层出不穷。

当然，O2O 作为线上和线下相结合的销售模式，却没有为商家避免囤货风险。比如，蓬勃发展的微商，在朋友圈异军突起。很多人也是无奈地调侃：一言不合就做微商。的确，现在无论是化妆品还是衣服、小零食都可以在万能的朋友圈找到。这是微商作为新兴商业模式的优势，但是微商并没有摆脱传统商业模式的弊端，还是需要自己储存货物，供给零售，这就让微商始终无法摆脱囤货风险。

囤货有风险人尽皆知，那究竟囤货会有怎样的风险？

1. 错误定位商品的未来销售量。微商商家囤货是需要考虑到商品的销售潜力，因为商品的供求关系深受时间的影响，而商家仅看到眼前的利益大量囤货或者并没有认清商品的发展前途，而顾左右而言他，注定只能是失败的微商。

2. 错误评估消费者的心理。有些时候，换位思考并不能准确把握消费者心理，毕竟卖家始终站在商家的利益角度，即使换位思考也会有一定的局限。

3. 商家囤货，最重要的就是评估商品价格的成长空间。"低价买入高价卖出"，这是古代的商人就已经烂熟于心的从商之道，而以什么样的价格开始大幅售货，也是需要把握契机的。从这些方面就不难看出，商家囤货的最大风险来自于对商品价格成长空间的把握。

当然，O2O 的贸易模式，其在发展过程中虽然具有一定的竞争优势，但是面临的发展问题也是层出不穷，尤其是在囤货风险方面。在互联网高速发展的未来时代，O2O 模式终将是过去式。

● B2B 模式：企业发展遭遇"黄灯"

B2B 模式往往是针对企业间的商务活动，即企业之间通过互联网进行的产品、信息或是服务的活动，被誉为"电子商务中最完善的商务模式"。

当然，B2B 的经营模式也并非只是单一的线上交易，其囊括的范围也是十分广泛，如包括提供产品供应采购信息、加盟代理服务、生产代工信息服务、小额和大宗商品批发交易，还可以提供企业竞争性情报服务、商机频道＋技术社区等多种经营推广模式。而它与 O2O 模式最大的区别，在于服务对象的差别。O2O 是针对线上线下贸易，而 B2B 针对的是企业之间的贸易。

企业发展的 B2B 模式，能够得到迅速发展，与其顺应互联网时代的要求息息相关。

1. B2B 网站的细分方向发展，给中小企业发展提供了机会。传统行业网站的发展，需要雄厚的资金支持，仅此一条就把中小企业淘汰出局。如服装服饰可以细分为，西装、裙装、裤装、上衣等等，分门别类之后，不仅更加方便了消费者挑选满足自己需求的商品，也为商家提供了更多的商机。

2. B2B 网站发生的大多数贸易都是同城交易，这也就意味着 B2B 模式有着巨大的发展潜力。在商业信用体系尚未确立的情况下，B2B 模式较之前的商务系统更具价格优势，且和同类型的电子商务相比，同城贸易更具有信用保障，同时节省了一定的物流费用。

3. B2B 模式也在不断发展创新。例如，与实体商城有机结合运作的发展模式，不仅为 B2B 的发展重新找到了生命力，更是打破了实体商城的区域局限性。

B2B 模式确实是一种企业贸易的创新，但是在发展过程中表现出来的局限性也不容小窥。

对于 B2B 模式来说，对信息技术的要求相对较高，很容易过分依赖信息技术，造成信息的技术化倾向。同时，B2B 模式的门类比较广泛，与此相反，相关的人才比较缺乏，导致很多专业性的问题都无法得到解决。

还有很重要的一点是，交易过程中的诚信及安全问题和售后问题。线上交易，大家并非面对面的实际谈判，彼此的信任度相对有限。自从出现互联网线上交易模式以来，由于存在互联网诈骗的现象，导致很多人只是在平台上咨询，最终还是选择在线下交易。B2B 模式虽然已经走向创新，但是要想彻底颠覆"传统"的单一陈旧模式，必须突破局限于表面的信息匹配，真正做到线上交易。

而 B2B 贸易方式存在的问题，对于企业来说，影响最大的也是囤货风险，毕竟稍不留神就会一败涂地。虽然 B2B 作为新型的贸易方式，但依然没能逃脱囤货的厄运，这与其发展过程中的弊端影响不谋而合。

B2B 网站大多以同城贸易为主，而这就造成了线上咨询、线下交易的现状。因为是线下交易，企业就需要大批量的囤货，以备不时之需。

也就是说，B2B 与 O2O 最大的相同点是，同样要经历囤货风险。

无论是 O2O 还是 B2B，都具有两面性，受益的同时也会感觉到痛，所以一方面人们想要依托互联网，另一方面却又对互联网购物的信心大打折扣。那么，有没有一种更好的电子商务模式可以重新燃起人们对互联网的希望？

● O2B 模式："互联网 Σ"时代的新探索

在即将到来的"互联网 Σ"时代，无论是 O2O 还是 B2B，都难以满足高端的发展要求，新型的贸易模式必然会顺势而生。

O2B（Order to Business）必然会是整合现有商业模式之后出现的新型发展模式。O2B 模式，克服了 O2O 与 B2B 模式的囤货缺陷。

人人电商的贸易模式就很好地克服了其他电商模式存在的诚信问题。产品直达用户，减少中间环节，不仅保证了用户与企业之间的交易安全，也为电子商务的贸易方式提供了诚信担保，让更多的人相信电子商务，愿意尝试电子商务。

有了诚信作保障，彼此之间的信任问题也就迎刃而解了。良好的交易环境，也就为线上交易提供了可能，并且人人电商以商品直达用户为特点，省去中间零售商的环节，生产者将商品直接销售给用户，生产者直接对消费者负责，这不得不说是避免囤货风险的有效方式。

O2B 的订单式生产，从根本上降低了企业的囤货风险。虽然 O2O 与 B2B 模式也是线上交易，但是因为自身的发展缺陷，导致线上咨询、线下交易的现象不在少数，这样的现象相当于"挖电子商务的墙角"，并没有真正地实现全方位线上交易。

线上咨询，线下交易，虽然是电子商务发展的一个新阶段，但是并没有让企业减少销售流程，该产生的环节还是缺一不可。而 O2B 模式，真正实现了先下单后发货，直接与生产商联系，减少中间环节，有效解决了企业的囤货风险。

O2B 模式，先下单后生产的模式，不仅为生产厂商提供了利益保证，更是为商家提供了货源，为双方的正常贸易提供了方便。很多人也许会疑惑，商家向生产厂商提前支付货款，难道不怕受骗？原因很简单，"互联网 Σ" 行动计划引领的订单式生产模式，是有诚信平台作担保的，大家都是赤裸裸地相见，诚信的制约保证了贸易的有序进行。

O2B 模式作为"互联网 Σ"时代的新探索，不仅是贸易模式的创新，更是真正地实现了线上交易的贸易模式，有效地解决了传统贸易的囤货风险，开创了贸易新时代。

"互联网 Σ"时代，O2B 才是适者生存的真正体现。

下一个互联网风口究竟是什么

这是一个互联网迅速迁徙的时代,随时面临着冰山倒悬,原来在"海底"的产业也有可能重见天日。

互联网无疑是这个时代的发展风口,既然风口时代已经到来,想要成为幸运的"猪",置身互联网环境中,首先我们得找出互联网的下一个风口究竟是什么。

对于"下一个互联网风口",各界大咖众说纷纭。

● **互联网与传统企业**

"老马家"的风云人物,马化腾和马云在这个问题上,观点出乎意料地一致——互联网的下一个发展方向是与传统行业的融合。马云曾明确表明其观点,未来的20年,互联网企业与传统企业只有结合发展,才是生存之道。

事实上,传统企业与互联网企业的融合,面临的是双方企业的转型问题。

过去的30年里,中国的经济格局和产业版图在互联网的影响下,发生了翻天覆地的变化。各个行业的企业与互联网飞速结合,逐步转型升级,也造就了一大批优秀的互联网企业,比如百度、阿里巴巴、京东商城等。

如今,互联网的发展势头正猛,各个行业想要优化、改造,乃至重塑自我，就必须找到适合自己的互联网发展路径。单从互联网的发展来看，虽然与各行各业密切关联，但是业务的联系仅局限于边缘化，只是被视作工具，简单地应用。

这样来看，互联网的下一个风口就是变简单应用为深度结合，也就是核心业务的"互联网化"。简单地说，深度结合就是触及灵魂的变革，着手于企业的发展战略和生产方式的转变。

就传统企业来说，仅先进工艺对传统行业的冲击，就使中国制造业饱受欺凌。当然，传统企业想要转型，根本上还是要改变固有的经营思维，与互联网相结合，打造更先进的平台，引进先进的管理经验，从根本上改变传统企业固有的弊端。

互联网企业虽然具有先进的平台、科学的管理理念等优势资源，但是无论是从商业上，还是从产业上来说，依然有所欠缺。与传统企业的结合，使得互联网企业有效地将产业链延长，由此产生的连环效应促使价值链相对延长。互联网与传统行业的结合，就是将线上和线下有机地结合起来，沟通产业的上下游，实现从生产、加工到销售、服务的升级，促进生态产业链的形成与发展。

由此来看，互联网企业与传统企业只有加强彼此之间的参与感，才是互联网的下一个发展大势，互联网的风口，虽说"仁者见仁，智者见智"，但是占据马家半壁江山的哥俩对互联网的这一说法，也是深得人心。

● **互联网与各个行业**

腾讯和阿里将互联网的风口选择在了传统企业与互联网企业的融合上，虽说理论充分，但是还是有人提出了不同的观点。

58同城CEO姚劲波提出，互联网的下一个风口，是与各行各业的连接深度。这种说法也是受到一些企业家的支持和赞同。其中不乏新美大的CEO王兴、联想的杨元庆等业界大亨的拍手称赞。

美团网CEO王兴认为，刚刚拉开帷幕的互联网世界，与我们的生活和工作的方方面面是紧密联系的，而其不可估量的发展情景在于各个产业"深度"和"紧度"的结合上。

联想集团总裁杨元庆的观点与王兴异曲同工，互联网与人们的生产、生活休戚相关，不外乎人、物、产业和行业，互联网的下一个风口自然也不会超过这个范围。

无论是工业、金融、能源、健康、教育还是智慧生活或者大学生和退伍军人创业等各个方面，都与互联网越来越密不可分。

以互联网金融的发展为例。

对于用户来说，传统的金融模式就像一场"拉锯战"。如果想要到银行办理业务，除去浪费在路上的时间，还需要取号排队等候，许多业务还需要提前预约，经过层层审批，最让人头疼的是，还要填上一大堆表格。传统金融的服务虽然已经升级到无可挑剔，但是它的不足在互联网时代也尤为突出。由于其用户服务路径过长，给了互联网金融得以发展的契机，通过互联网，支付变成只需要动动手指就可以完成的事情，何必要大费周章呢？

互联网金融强大的生命力怎能止步不前？互联网逐步走向大众，这是不争的事实，可是想要渗透到生活、工作的方方面面，互联网还有很远的路要走，前方的景色很美，脚下的路却崎岖不平。

中国金融的创新和发展还有很大的机会，仅就互联网现在发展的阶段而言，它让我们深刻认识到了传统金融的发展弊端，也让我们看到了互联网的巨大发展潜力。

互联网金融对于中小企业来说，意味着更多的机遇和挑战。很多时候，传统金融对中小企业是"不屑一顾"的，但是互联网金融却是给予了中小企业更多的公平和机会。从产品来说，互联网金融更容易集合互联网世界的资源，从原料的采购到产品的销售渠道，整合全球可以利用的资源，充分利用"地球村"的互联互通，实现产品的最优配置。

当然，这只是金融单方面与互联网的融合，还有很多不同的行业，在互联网的指导下转型升级。

工业4.0的智能化转型，互联网能源的应运而生，"秀才不出门，可知天下事"的教育升级……这些变化，哪一样离得开"神通广大"的互联网？

当然，互联网的"功效"还不止这些，但是仅仅从这些成就我们就可以看出互联网的"神力"和其无限的发展前景。

● 互联网与分享经济

更有甚者，新浪CEO曹国伟认为，互联网的下一个风口与"分享经济"息息相关。

分享经济存在的条件是人与人之间享有的物质资料的不平衡，无论是租车、租房还是租地，都是分享经济的一种表现形式，而在互联网发展飞速的今天，分享经济越来越表现出其独有的优势和特点。

对于互联网来说，互联网的互联互通更加方便了供给和需求的有效调节，未来的互联网时代，这种经济模式将会被应用到更多领域。

之所以会说互联网的下一个风口是分享经济，曹国伟当然不能是空口说白话。就互联网的未来发展方向来说，无论是私人资源的再度利用，还是公共资源的再度开发，其重点莫过于强大商业基础设施的"共享"。这不仅是互联网深度发展的方向，更是分享经济的核心和本质。由此，我们可以看到互联网的深度发展方向与分享经济的发展轨道不谋而合。

这难道只是巧合？答案是否定的，互联网必然是经济发展的下一个风口，这不止是业界大咖的预言，更是互联网与经济发展的必然趋势。

● 互联网与"互联网∑"行动计划

当然，关于互联网发展的下一个风口还有很多说法。无论是互联网与传统企业的结合，还是与各行各业的深度、紧度结合或者各个领域的分享经济发展等，尽管众说纷纭却也都各有各的道理。

仔细分析互联网的特征不难发现，互联网的互联互通促进了全球的资源整合，彼竭我盈，优化配置。然而，互联网的"地球村"还是存在一定的弊端，大家因为语言的差异、人性的弱点、国界的区分、利益的保护等等，"地球村"更多的时候仅仅存在于人们的理想中。互联网想要进一步发展，进入"∑"时代，畅通无阻的资源共享势在必行，四通八达的信息网络将铺平全球的信息高速公路。当然，共享的更进一步发展是"同步共享"，实现信息与物体的同步互动，从而促进产业链发展的共生共荣，这也是互联网向"互联网∑"时代发展的必经之路。

互联网与传统企业的融合或者与各行各业的深度结合，都是互联网互联互通全球资源整合的一个节点，资源的共享才是实现企业转型、行业融合的根本措施；而互联网向着共享经济的发展，对信息的时效性要求更上一层楼。

由此来看，互联网的风口还是在互联互通、共建共享上。突破人性、语言、国界，全球互联互通，共建共享，使信息与物体同步互动，从而形成共生共荣的相关产业链，才是真正的互联网风口。而这与"互联网∑"行动计划的宗旨与特点不谋而合，可见，"互联网∑"行动计划将引领互联网发展的下一个风口。

思想，灵魂，智能，互动，未来智慧城市的方向

当互联网遇上城市建设，会发生怎样的化学反应呢？

我们综合一下互联网的特点可以发现，当互联网遇上城市建设，未来的智慧城市建设唾手可得。

1. 互联网的信息化走向生活化。

技术和创新在互联网时代的应用，使互联网逐渐从信息服务走向生活体验服务，为城市建设的各项功能提供了可能。"互联网Σ"作为互联网发展的必然趋势，进一步发展了互联网信息的互联互通，实现互联网技术的同步共享，为城市建设的智能化出谋划策。

2. "互联网Σ"行动计划的本质：用户第一。

"互联网Σ"行动计划制定与实施的目的是为人类服务，而未来智慧城市的建设也必定是朝着这个目标发展。最宝贵的东西一直都是免费的，比如说空气，未来的互联网发展大势也是"免费"。而这与未来智慧城市的建设不谋而合。"互联网Σ"行动计划的实施不是卖产品，而是未来的一种发展趋势，它是未来城市建设不可或缺的思想指导、技术支持。

"互联网Σ"行动计划将影响未来智慧城市建设方向。

1. "互联网Σ"行动计划与新一代技术的创新运用。物联网、云计算、大数据等先进的技术，推进了城市建设与智能化的结合，未来的智慧城市必定是智能的生态城市，智能化要求成为必不可少的特点。

2. 未来的智慧城市必定是资源合理利用、以人为本、科学发展的城市建设。互联互通作为"互联网Σ"行动计划倡导的重要理念之一，是资源

优化配置的基点，更是增强城市综合竞争力和品牌影响力的基础。

3.想要建设智能、生态型智慧城市，城市的基础设施建设成为重中之重，开发整合和利用城市各类信息资源，需要一个强大的信息网络，推进技术与信息的整合共享，提升整个城市的"智慧"建设。"互联网∑"行动计划在其中又充当了一个不可忽视的角色。

未来的智慧城市建设，貌似是一个遥不可及的命题，但是随着互联网朝着以"互联网∑"行动计划为基点的方向迅猛发展，互联互通、同步共享与裂变技术的实现，无不是为未来智慧城市的建设夯实基础。

● 未来智慧城市的"智慧"建设

智慧城市的出现，是为了更好地解决现代化城市建设中出现的问题——城市的交通拥堵、安全隐患增加、灾难多发等"症状"越发严重——而"智慧城市"的建设恰好是一剂良方，专门治理城市现代化发展后遗症。

21世纪的智慧城市建设，一直致力于信息技术的研究及运用，目标在于城市运行系统的信息化，从而实现城市各项功能的智能响应，创建美好的城市生活。

当然，现在的智慧城市有别于未来的智慧城市，现在的智慧城市建设将是未来智慧城市建设不可忽略的重要一部分，城市的"智慧"从这里走来。

未来的智慧城市，除了在高新技术方面的应用，将会是智能、生态等词汇的集合体。随着互联网的发展，对于智慧城市的解读也是各有千秋。然而，无论是对智慧城市持有何种观点，都不外乎两个层面，一个是对信息技术的应用，即物联网、云计算等高新技术的统筹；另一个是对未来社会的创新。

基于"互联网∑"行动计划的智慧城市建设，充分利用了飞速发展的互联网技术，结合"互联网Σ"行动计划的特点，实现对城市的全面透彻感知。未来的智慧城市在智能融合技术的应用方面，一定会取得突破性的进展，实现以大众、开放、协同为基础特征的可持续创新，成为兼具数字城市和信息化发展城市为特点的高级城市发展形态。

基于"互联网Σ"行动计划建设的智慧城市以新一代的信息化为手段，以创新、可持续发展、统筹结构、优化配置为目标，让生活在这个城市中的人们病有所医，老有所养，真正实现"互联网Σ"行动计划与城市建设的同步共享，时代在发展，思维在进步，生活怎能落后？

而生活的进步与城市的建设休戚相关，即将到来的"互联网Σ"时代，将会为智慧城市的"智慧"建设带来新的契机。

● 未来智慧城市的"生态"建设

生态城市以"100%的建筑都达到绿色建筑标准"为重要标志，讲求社会、自然、经济的生态发展，尽可能降低消耗，减少污染，实现城市的生态、环保。生态城市以清洁、优美的环境，安居乐业的人民，繁荣发展的经济概况为主要目标，追求的是资源的高效再生和综合利用，提倡自然能源的开发使用，实现人工复合生态系统。

诚然，这些美好的状态是人们向往的，因为它还只是存在于很多人的想象中，所以我们需要努力，需要寻找实现的途径。在"互联网Σ"行动计划引导下，未来的智慧城市必然会融合生态城市建设的特点，我们又会看到哪些改变呢？

1."互联网Σ"行动计划作为未来互联网的发展大势，综合互联网的未来核心技术的开发与利用，实现绿色、和谐的社会生活不再是梦。互联网技术的飞速发展，自然新型能源的开发和利用也不能落后，节能电器、储雨设备等节约手段的采用指日可待。这不得不说是未来智慧城市生态建设的大势所趋。

2."互联网∑"行动计划讲求的是和合、竞合、融合，而这与生态城市从生活的方方面面打造城市绿色系统密切相关。

随着大大小小、各式各样的汽车风靡城市大街小巷，堵车问题就成为城市的通病，这种现象在北京尤为明显，对"首堵"的调侃就是最好的见证。而在交通方面，生态城市建设提倡的是绿色能源的使用，电车和氢汽车的发展就是很好的证明，除了绿色能源的使用，还有很多其他方式的改变，比如单双日车辆限行，交通用地的合理规划，船运和铁路运输的发展等。

而这些的实现，都需要未来互联网发展趋势的统筹兼顾，"生态"作为标签，在未来智慧城市的建设中必定是基础建设，而它对未来的设想与"互联网∑"行动计划所求的发展大势不谋而合。

3.生态城市建设的理念宣传还需要互联网的密切配合。

基于"互联网∑"行动计划衍生的自动推广功能，为生态城市的理念宣传提供了可能。生态城市建设强调的是人人参与，我们只有了解、掌握生态城市建设的发展规划，才能真正地做到从自身出发，为生态城市的建设贡献自己的一份力。而自动推广功能恰好可以有效地将生态城市的理念推广到每一个人。

● 未来智慧城市的"智能"建设

智能城市的出现和生态城市一样，都是为了弥补城市现代化发展过程中出现的问题。而智能城市目的在于开发城市的网络潜力，建设自主超高速的宽带，从而提升社区的生活质量，为下一代创造更美好的世界。

智能城市的建设，从交通、住宅到楼宇、可替代能源以及互联生活等各个方面，更是与"互联网∑"行动计划的发展密切相关。

比如红灯摄像头、智能收费车道、交通信号灯的同步等，当然，智能交通可不只是对驾驶员的限制，也带来了很多益处，例如，配备的后视摄像头、紧急情况的车辆预警系统、驾驶员辅助和监视系统、夜视、牵引以及稳定性的控制等等，都是让驾驶员受益无穷的智能技术。这样看来，智能交通的建设，不论是从约束驾驶员方面，还是从辅助驾驶员方面，都是智能技术在交通上的运用。

而智能住宅和楼宇的建设，更是将传感技术和无线互联通信的高程度自动化，应用到住宅区，实现了通过智能手机就可以远程和实时监控，从而有效防止了住所和楼宇内的意外情况发生。

当然这一切都离不开互联网技术的支持。无论是交通设施的建设还是智能住宅、楼宇的建设，其自动化的实现、现代技术的运用，都与互联网技术密不可分。

未来智慧城市的建设中，智能作为未来城市发展的一个方向，不仅充分利用了现在人类的所有创新，更是为下一代提供了一个健康的居住场所。

不可否定的是，未来的智慧城市发展不仅是沿着智慧城市的思路，更是结合了生态城市与智能城市的特点。未来的智慧城市必然是生态城市与智能城市的结合，智慧化、生态化、智能化的发展，为人们生活质量的提高，更为人们的寿命、安全、自然资源的有效利用以及环境的健康提供了可靠保障。而这一切，也成为"互联网∑"的必然趋势。

第八章
大爱天下，链接宇宙

全球互联互通，集群智慧

"互联网∑"行动计划引领的互联互通属性，已经成为"地球村"的"标配"。

2014年11月19日，我国倡导并主办的首届世界互联网大会于浙江乌镇开幕。此次大会为期三天，并以"互联互通 共享共治"为主题，针对国际互联网相关热点话题举办了多场论坛与对话。我国作为互联网大国，在此次会议中不仅充当了参与者的身份，更以引领者的身份率先倡导举行了这场国际范围内的互联网盛会。在这其中，除了身份的转换外，还意味着什么？

我国领导人在致首届世界互联网大会的贺词中，说了这样一段话："互联网真正让世界变成了地球村，让国际社会越来越成为你中有我、我中有你的命运共同体。同时，互联网发展对国家主权、安全、发展利益提出了新的挑战，迫切需要国际社会认真应对、谋求共治、实现共赢。"

这段话一语中的，说明了我国首倡世界互联网大会背后的涵义。

对此，国家网信办主任、大会组委会主任鲁炜也有一番真知灼见："当今世界，对互联网发展与治理，有共识也有分歧。各国由于国情不同、历史文化背景不同、互联网发展程度不同，带来了治理模式和方法的不同，但加强网络空间治理的愿望是一致的。"

足可见，"互联网Σ"行动计划下的全球互联互通效应，已经成为时代发展的必然。然而，"互联网Σ"行动计划引领的互联互通属性，其实早在20年前就已经体现出来，只是当时很多人并没有意识到。

● 全方位的互联互通

1994年，中国正式成为"互联网世界"的一份子，从这一刻开始，中国互联网开始飞速发展，网民数量也在短时间内激增。毫不夸张地说，20多年来，我国互联网产业领域接二连三地诞生了一系列神话。

尤其是近几年，我国互联网领域在用户规模、网上信息资源等方面，远远超过许多发达国家，跻身世界前列。据中国互联网网络信息中心2016年1月22日发布的报告显示：中国大陆网民数量达到6.88亿人，占总人口50.3%，居民上网人数已过半。根据第37次《中国互联网络发展状况统计报告》显示：2015年中国大陆新增网民3951万人，增长率为6.1%，较2014年提升1.1个百分点。在全球互联网企业市值前10强中，中国的企业占了4席，前30强企业中，中国企业占据了1/3的席位。

我国互联网飞速发展不仅体现在用户数量上，在互联网产业规模、电商产业规模、互联网金融发展等多个领域，也取得了不小的成绩。截至2015年12月，我国网上支付用户达到4.16亿人，年增长率达到36.8%。而随着移动互联网的发展，我国网民通过手机端实现网上支付的比例，也从 2014 年年底的 39.0% 飙升至 57.7%。

其中，我国电子商务发展更是保持一贯发展势头，令世界瞩目。根据《中国电子商务报告（2015）》的数据显示：2015 年，中国电子商务继续保持快速发展的势头，交易额达到 20.8 万亿元人民币（下同），同比增长约 27%；网络零售额达 3.88 万亿元，同比增长 33.3%，其中实物商品网络零售额占社会消费品零售总额的 10.8%；跨境电子商务继续呈现逆势增长态势，全年交易总额达 4.56 万亿元，同比增长 21.7%；农村网购交易额达 3530 亿元，同比增长 96%，农产品网络零售额 1505 亿元，同比增长超过 50%，有效促进农村产品和日用消费品等的双向流通……

这些数据，在无声中诉说着中国俨然成为互联网大国，这一点毋庸置疑。独立电信分析师付亮说：我国互联网发展已经从跟随者变为全球互联网发展中的重要一极。随之而来的是话语权的显著提升，如今国际上主流的互联网公司都在盯着中国，不仅像以前一样只盯着中国这个潜在的巨大市场，同时也非常重视中国政府和百度、阿里巴巴、腾讯、中兴、华为等互联网、通信公司的一举一动，因为他们在世界上的影响力越来越大。

这也意味着，我国在互联网领域已经呈现赶超趋势。

● 互联互通背后的影响

随着互联网的发展，我国企业已经改变了原有的工作方式，开始通过互联网工具发布、获取信息，并利用其开展交流沟通，乃至内部管理方面的工作，为企业实现与互联网的融合奠定了基础。

我们互联互通的方式，正由于科技发展而不断进化，在"互联网Σ"行动计划的发展下，行业融合的幅度越来越大，跨界竞争也愈演愈烈，种种情况使企业面临着一些前所未有的机遇。

从根本上来讲,"互联网Σ"行动计划将促使传统产业向上延伸的渠道更宽,速度更快。在这一时期,企业与企业之间不应该和过去一样形成两股敌对力量,而应该倾向于一种联合。最重要的是,传统产业以及互联网产业在与"互联网Σ"理念交融的时候,企业迫于压力不得不进化。我们将这种进化称之为"真正互联网"的转型。

"互联网Σ"行动计划引领的时代,各种环境突变,企业想要生存下来,就必须符合物竞天择的进化方式,从一个机械型的组织进化为一个生态型的新型组织。而这种进化,通常不是自上而下、自内而外,而是来自于边界、跨界等"风马牛不相及"的力量。

但问题是,事情并非我们想的那样简单——即使对"互联网Σ"行动计划理解得十分透彻,对"互联网Σ"的概念十分清晰,产业政策十分完美;即使"互联网Σ"思想武器握在手中,但如果没有企业的进化——在"互联网Σ"行动计划的基础上,进行战略调整、管理优化,那么一切不过是空喊口号、空中楼阁。

在"互联网Σ"概念与企业碰撞的行动计划中,企业基因的进化是其最需要的,同时也是其发展中最艰难和痛苦的一段路程。但痛苦过后最大的好处就是,这种进化为产业发展带来了无限空间。

而且,"互联网Σ"行动计划影响的并非只有思维层面,也不仅局限于策略层面,而是对企业的理念、文化、结构、产品、管理、营销等各个方面的重新构建。我们能够看到,凡是疏于进化的企业,都会在短期内消失,一些已经存在几十年甚至上百年的大企业、大品牌,也会由于错失了某场商业革命机遇,变得黯然无光,最终消失于市场的洪流中。

时代的催化,促使一些产物没落,也引领一些产物崛起,而"互联网Σ"行动计划决定了这是一个不分你我、无谓左右,更加不容错过的时代。

企业通过认识、了解，再到利用"互联网Σ"行动计划，能够集群智慧，从而实现各方面不断进化，这种局面势必影响我国经济发展的状况，从而改变每个人的命运。

这也是阿凡达借助"互联网Σ"行动计划体系构建网络平台的初衷——通过"互联网Σ"倡导的互联互通效应，达到集群智慧的效果，从而优化每个人的生活环境。

阿凡达服务网络

扫以上二维码可查看阿凡达
各分支服务机构详情

依托"华文"，实现全球语言互通

语言是信息的载体，是人与人之间最重要的交流工具。

我国汉字文化源远流长，且作为世界文明大国，曾经创造出"万国来朝"的盛世华章。近代封建王朝的腐败，使汉语汉字文化没有得到发扬光大。新中国成立以来，国家意识到汉字文化在世界推广的重要意义，采取了一系列在全世界范围推广中国汉字文化的举措，在很多国家创立专门推广中国汉字文化的孔子学院，中国汉字文化在国际上的地位也得到了提高。

为了响应党和政府"中国梦"的号召，实现国际上各国之间的互联互通，确立中国汉字文化在世界的影响力。阿凡达在自己网站融入"文字通"系统，实现全世界各种语言文字通过汉字直接互通互识。把汉字文化带到全球每一个角落，让华语成为国际第一通用语言，逐步实现全球语言统一。

● 全球"汉语热"

华语是华侨对汉语的统称，我国在推广汉语的同时，汉语也受到世界各国的欢迎。

近年来"汉语热"在全球蔓延，外国人学习汉语人数早已超过3000万人，全球有100多个国家，2500多所大学开设汉语课，并且还有大批的"汉语爱好者"专门来中国求学深造。

2015年9月25日，美国领导人奥巴马表示，到2020年争取实现100万名学生学习中文。据调查，现在美国大约有六百所大学开设中文课程，两千多所中小学已经把中文列入选修课中，不仅如此，一些幼儿园也把中文课纳入到了教学中。可见美国教育体系对中文教育的重视。

重视中文教育的不只是美国一个国家，英国财政大臣乔治·奥斯本在我国上海证券交易所演讲时说到，英国将专门拨款1000万英镑用于中文学习的推广以及培养和招聘汉语教师，到2020年会新增学习中文的学生5000多名，奥斯本还表示，在将来华语会比法语和德语更重要。

还有一些国家尽管没有像英美等国那样行动迅速，但是他们大都已经做好规划，并将推广汉语提上议事日程，有些甚至已经开始行动。

南非决定，从2016年1月起国内公立学校4～9年级开设汉语课，并在未来做进一步的推广。乌干达教育部前高级官员表示，2017年汉语有望成为乌干达中学的外语选修课。

另外，荷兰教育部门表示，从2017年开始汉语会纳入荷兰中学毕业考试……

如今，孔子学院遍布世界许多国家，学汉语的留学生也在逐年明显增多。但是孔子学院现有推广方法对于华语汉字及中国文化的传播速度肯定是有限的，并且其学院教育的形式并不能做到全球人人参与，全民学习汉语。在国际交往中，英语仍然是不容置疑的第一通用语言。这也从一个侧面告诉我们，汉字文化推广、中华文化的复兴之路需要更快、更好、更便捷的途径。

以"互联网Σ"行动计划为主导因素的网络平台——"文字通"收录来自全世界不同国家的各种语言，搭建互通平台，并且最终达到全世界所有阿凡达用户统一使用华语汉字，随之由语言延伸为中华文化影响全世界人民，让全人类共享中国文化的博学智慧，为实现中华民族伟大复兴宏伟目标助力。

● "文字通"实现世界语言文字的互通互识

阿凡达为了在世界范围进一步推广华文，同样也把中文作为"文字通"系统默认的语言。

1. "文字通"带给人类的好处。

"互联网Σ"不断发展，让全世界每个人都将拥有自己的网站，全世界不同语言国家地区的用户，可以在自己网站的"文字通"上，实现文字和语言的随时切换，并且在每次切换时语言是系统默认自动跳转为中国汉语模板的，比如说德国人想通过自己的"文字通"网站了解法语的"杯子"怎么写，输入德语的"杯子"，点一下"文字通"的法语，系统首先会跳出华语汉字的"杯子"写法和"杯子"的图片，然后才会再跳出法语"杯子"的写法。同样法国人要知道德文"杯子"怎么写，输入法语的"杯子"点一下"文字通"的德语，系统首先会跳出华语汉字的"杯子"写法和图片，同步显示德语"杯子"的写法。也就是以后全世界语言之间翻译互通都要经过汉字来中转，其他国家语言翻译也通过我们的华语来进行自动转换。

借助阿凡达网站的全球裂变，可以将汉字文化带到全世界每个国家，全世界任何一个国家的人要看其他国家的语言文字，首先看到的将是我们的华语汉字，相当于在全世界每个国家推广了华语汉字文化。俗话说：习惯成自然，随着全世界对阿凡达的长期使用，人们将越来越熟悉华语汉字，华语汉字将慢慢地刻在全世界每个人的心中。就像微软把英语应用到软件编程里，使得全世界每个国家学习和使用互联网编程的人，就必须学习英语的道理一样。

阿凡达把全世界各国语言文字的翻译，通过华语汉字来转换，最后各国的人为了语言沟通的方便，无需切换至其他国家语言都会学习华语汉字，从而让华语成为全人类的共同语言文字，促进中国与世界各国的友好合作关系，带动全球经济的发展，让华文为全人类奉献巨大价值。

2."文字通"带给世界其他各国的好处。

全世界每个国家都希望和其他国家语言文字能够直接互通并相互转化，进行国家之间的无障碍交流。现在在互联网"Σ"环境下网站融入的"文字通"系统，任何一个国家的语言都可以和全世界任意一个国家的语言直接转化互通，从而可以将本国的语言文化向全世界推广。将各个国家的语言都加入到"文字通"世界语言大数据系统里，与全世界各国的语言文字互联互通，向世界其他国家展示本国的文化同时也共享着世界文化，带动其他国家文化事业在国际领域的快速发展，这是所有国家发展其自身文化的必要举措，也是全球信息一体化的必然趋势。

语言在世界上受欢迎的程度，不仅体现了这个国家的文化传承、综合国力，更体现出其他国家对这个国家未来的青睐程度。显而易见，全球"汉语热"已经充分说明了我国的快速发展对世界的影响。语言的普及需要一定的时间，但在全球急速发展的大环境下，可能不会给我们太多的适应时间。"文字通"犹如一场"及时雨"，给我国经济全球化发展创造了条件。"文字通"在每次切换语言时系统自动默认跳转为中国汉语模板，可以让每个国家逐渐熟悉华语汉字，让华语汉字成为全人类的共同语言文字。

全球共建共享，知识奇点大爆炸

人类已经进入知识"爆炸"的时代。知识以几何倍数不断增加，更新速度越来越快，尤其是科学知识增长的速度，可以说是日新月异。

在 1998 年的白宫晚会上，霍金曾表示，假如科学知识仍然以现在的速度增长，到 2600 年，新出版的书籍依次摆放的话，每小时能摆放 144 千米。在这样一个时代，让全球每个角落的人都及时获取新知识，人们就需要一种共享的精神，共建知识体系。

共享经济已经渗透到各个领域。无论是可以共享房子的 Airbnb，还是可以共享汽车的 Uber 等，都是通过资源聚合匹配、规模性供给等方式，有效提高了资源利用的价值。这不仅打破了机构限制，也使得知识的"共享经济"得到了大规模的发展。

● 知识共享的发展

知识共享实际上指的是，知识以资源的形式进入自由开放的价值体系。

人类对知识的需求是无穷尽的，一直都是增量上升，因为人类就是在求知中不断成长，从获取的知识里答疑解惑，从知识的获取、分享到创造乐此不疲。传统的知识经济已经无法适应人们的需求，其劣势也逐渐显露出来：

1.成本高。

在知识的培训、咨询方面都需要花费很高的费用。据市场调查发现，一位商务人员获取知识的成本每年最少需要 5000 元左右。之所以成本如此之高，是由于培训咨询公司会把诸如营销成本、场地费用等所有的成本，以学费的形式转嫁到学员身上。

2.效率低。

知识培训课程的特点是费用高，时间集中、信息量大，但学员学到的知识却很少。另外，这种集体授课的模式，无法达到"一药治百病"的效果，很多有针对性的问题得不到有效解决。

面对很多传统行业的局限性，"互联网∑"行动计划的出现使其得到了很大程度上的改善，让知识分享有了成长的土壤。"互联网∑"行动计划为知识传播带来的优势是：当"互联网∑"行动计划成为一种主流趋势，势必带动一些新型信息传播媒介，知识传播不再依靠平台，其共享就会被无限扩大，构成新的互联网模式，把知识分享变成利益价值交换。

和教育培训机构、咨询公司等"一对多"不同的是，基于"互联网∑"理念诞生的新型知识传播方式，其知识共享经济模式是"一对一"，更加具有针对性，既改变了信息知识的不对称，又实现了知识的可复制性。

用世界著名语言大师萧伯纳说过的一句话来解释："倘若你有一个苹果，我也有一个苹果，我们彼此交换这些苹果，那么你和我仍然各有一个苹果。但是，倘若你有一种思想，我也有一种思想，而我们彼此交换这些思想，那么，我们每人将有两种思想。"这就是"互联网∑"带来的知识共享优势，使知识共享的成本趋近于零。

● 阿凡达系统让全球知识同步共享

传统互联网给知识共享创造了一个良好的环境，"互联网∑"行动计划影响下的阿凡达则从人类的大爱出发，建立起全新的互联网体系，有着更强大的知识分享功能，可以实现全球知识共享。

阿凡达商城的"分享"概念是：如果一个人有无线信号，其他人用手机上网都不再需要耗费流量，这是人类共享的正常渠道，而不是"我有了之后藏起来"。

针对知识共享方面，任何一个用户只要把知识通过网站上传，就会在全球同步显示。阿凡达拥有70亿用户，上传的知识就会在70亿个网站上看到，并且这种共享是免费的。

这是其他网站做不到的。如果以全中国近14亿人为基数，阿凡达商城马上可以给每一个人变一个网站，而且这些人可以遍布全球。但是其他人要是做一个跨境网站通常需要半年时间，包括支付系统、担保系统、物流系统、管理系统、服务系统，还有难度系数最大的推广系统。

在阿凡达商城里，虽然共享是免费的，但没有忽视对知识产权的保护。就像在这个系统的产品推广一样，任何知识都需要签订电子协议。这就要讲到阿凡达的另一项独有的共享技术。以产品的推广为例，只有经过主人同意，有上传产品电子协议，就可以在自己的网店里放其他人的产品，就不构成侵权。知识也是以这样的方式推广，道理相同。

阿凡达商城推动了信息知识的全球性传播，实现了知识的共享，但共享的实现一定需要大家来共建。

全球"共建共享"就是各自发挥自己的优势、共同推进建设，并让全球管理体系公平分享其成果。阿凡达商城拥有强大的知识共享系统，为知识的分享提供了渠道，让知识实现了全球化共享。

同时，阿凡达提出"共建共享"需要通过大众创造性活动来实现。人民群众是历史发展的主体，是历史的创造者，是物质和精神财富的生产者和创造者。网络时代即将翻开崭新的一页，在阿凡达的世界里也必将赋予每个人双重身份——"贡献者"与"享受者"。通过全球人民共同努力，贡献各自的知识和力量，推进全球的知识共享，完善全球治理体系，共建人类命运共同体。

第八章 大爱天下，链接宇宙

大爱天下，全球共享"互联网Σ"成果

中国的历史迈进了信息化时代。"十三五"时期，大力实施网络强国战略成为中国发展的主旋律。让"互联网Σ"行动计划的发展成果惠及所有中国人民，乃至70亿全球人民，并更好造福人类，不仅是阿凡达的愿景，也是阿凡达坚持不懈发展的动力。

互联网发展至今，还是存在很多问题，比如，发展的不平衡、规则不健全、秩序不稳定等都逐渐显现出来。互联网的某些负面影响也逐渐出现，甚至影响人们的正常生活，这显然不符合互联网发展的初衷。

网络空间并不属于某个个人，也不是某个企业或国家能够控制的产物，它是属于全人类的共同财产，其命运理应掌握在全人类手中。因而，国际社会上应加强沟通交流，进一步深化合作，为打造网络空间命运共同体而努力。

就此，国家领导人提出了5点主张：第一，加快全球网络基础设施建设，促进互联互通，让更多发展中国家和人民共享互联网带来的发展机遇；第二，打造网上文化交流共享平台，促进交流互鉴，推动世界优秀文化交流互鉴，推动各国人民情感交流、心灵沟通；第三，推动网络经济创新发展，促进共同繁荣，促进世界范围内投资和贸易发展，推动全球数字经济发展；第四，保障网络安全，促进有序发展，推动制定各方普遍接受的网络空间国际规则，共同维护网络空间和平安全；第五，构建互联网治理体系，促进公平正义，应该坚持多边参与、多方参与，更加平衡地反映大多数国家意愿和利益。

这意味着，互联网正在快速打开原有的边界，以更加崭新、更加包容的面貌呈现在国际上。

● "互联网∑"行动计划在中国

互联网可以说是人类共有的精神家园，"互联网∑"理念则代表着它在精神、思想等层面的升华。我国先后几次举办世界互联网大会，其目的是通过大会，打造全球互联网共享共治平台，从国际层面推动互联网健康发展，让所有人类携手推动网络空间互联互通、共建共享共治，从而开创人类更加美好的未来。

互联网思维在中国的应用及变化，在乌镇体现得淋漓尽致。

在乌镇，外地游客能够通过微信扫描二维码，租借公共服务点的自行车，省去了中间环节；本地人能够通过"互联网医院"，选择其他地区的医生为其治疗；养老方面，乌镇推出了智慧养老服务平台，针对老年人提供集中照料以及居家服务，这一平台能够使1.5万乌镇老人获得照顾……

这种无处不在的互联网，让乌镇这个"沉睡"了许久的江南小镇焕发新颜，也让一些离开乌镇的年轻人重回故里——乌镇所在地（嘉兴）在外读书的大学生，毕业后选择回到家乡就业、创业的人超过五成，"创客"成为乌镇发展的新鲜血液。

乌镇显然是幸运的，生活在当地的人们是幸福的，毕竟，互联网带来的魅力和改变，令世人艳羡。

然而，乌镇不过是"互联网∑"时代下的一个缩影。在互联网发展的这些年里，互联网对于农村的改变是显而易见的。全国300个乡镇，已经全面实现互联网覆盖，15万个行政村已经实现网络接入，覆盖率高达93%以上。与此同时，民村淘宝等电子商务的出现，也对农村市场造成了不小的冲击，促使其实现信息化，传统农业发生变革，进入跨越式发展阶段。这种改变对打破传统经济空间布局，使一向处于弱势的农业、农民、农村，能够以较低的成本与全国、全球市场碰撞产生了有利影响。

"宽带中国"战略也将进一步缩小城乡差距，预计到2020年，"宽带中国"将取得目标成果，顺利覆盖所有农村，让更多人能够接触、使用互联网。

一枝独秀不是春，百花齐放春满园。在建设美丽中国的进程中，在"互联网Σ"行动计划的催化下，中国势必会产生更多的"乌镇"，全世界同样也将产生更多的"乌镇"。

阿凡达始终与我国的发展目标站在同一水平线上。关于"共享互联网"，阿凡达一直秉承着这样的信念，也一直坚持这样做。与我国的战略目标相同，阿凡达不但将目标定在全国，更定向全世界，力求实现"全球共享'互联网Σ'成果"，是阿凡达这些年来坚持不动摇的信念。

●"互联网Σ"行动计划在世界

阿凡达力求"全球共享'互联网Σ'成果"的信念，绝不是为了响应国家号召而空喊口号，而是因为其有能力、有实力说出这样的话，并做到这样的事。

原因就在于，阿凡达所创造的产物，都来自于"互联网Σ"行动计划。

或许我们可以说"互联网Σ"不是万能的，但我们不能否认，通过"互联网Σ"，我们能够获得连接一切的能力。虽然谁都不必刻意神化"互联网Σ"，但"互联网Σ"行动计划势必会成为未来的新生态。

过去几年，在很多场合都提到了"连接"两个字。连接，其本身就是互联网的基本属性,腾讯也是互联网的"连接器",为"连接一切"而实现其价值。我们经常使用的QQ、微信等交友软件,首要条件就是满足了人与人连接的功能,在此需求之上,这类交友软件添加了新的功能。无论交友软件的功能如何更新迭代,都无法抹去"连接人与人"带给它的效应。现在,通过"互联网Σ"行动计划去发展创造一些新事物,不仅能够实现人与人之间的连接,还能够把人与服务、设备、信息等多种因素连接起来,实现各种信息、各类资源的互联互通,使虚拟与现实世界的边界越来越模糊。

比如,在"互联网Σ"行动计划的引导下,无论是文学读者,还是影视观众,抑或游戏玩家,各个阶层之间的界限越来越模糊,各个领域不再孤立发展,而是以聚合粉丝情感的明星IP为基础,使所有人互相连接。在这种状态下,国界、地域的影响也会逐渐减小。可以说,"互联网Σ"行动计划为各个行业带来了新生,此时错失"互联网Σ"行动计划,无异于第二次产业革命时错失了电能。

在万物互联的"互联网Σ"行动计划中,国家和企业都不是国际社会的最小单位,个人逐渐成为国际社会的最小细胞。这使全球人民的生活方式、生活边界都在发生变化,开放、灵活成为国际社会发展的趋势。

之前并不受重视的局部化和碎片化,以及个体的价值、活力,都将在"互联网Σ"行动计划引领的时代得到空前重视。万物互联、信息爆炸等趋势,不但不会造成人才埋没,还会凸显个人优势,使个人的个性更加便于识别,全面实现"以人为本、连接到人、服务于人、人人受益"。

以人为单位,"互联网Σ"概念融入到所有人的思想中,将从根本上实现"全球共享'互联网Σ'成果"。

参考文献

[1] 大数据战略重点实验室著,连玉明主编. 创新驱动力:中国数谷的崛起[M]. 北京:中信出版社,2015.

[2] 大数据战略重点实验室. 块数据:大数据时代真正到来的标志[M]. 北京:中信出版社,2015.

[3] 大数据战略重点实验室著,连玉明主编. DT时代:从"互联网+"到"大数据×"[M]. 北京:中信出版社,2015.

[4] (英)迈尔-舍恩伯格,(英)库克耶著,盛杨燕,周涛译. 大数据时代[M]. 浙江:浙江人民出版社,2013.

[5] 阿里研究院. 互联网+:从IT到DT[M]. 北京:机械工业出版社,2015.

[6] 阿里研究院. 互联网+:未来空间无限[M]. 北京:人民出版社,2015.

[7] 曹磊,陈灿,郭勤贵,黄璜,卢彦. 互联网+:跨界与融合[M]. 北京:机械工业出版社,2015.

[8] 马化腾. 互联网+:国家战略行动路线图[M]. 北京:中信出版社,2015.

[9] 周鸿祎. 周鸿祎自述：我的互联网方法论［M］. 北京：中信出版社，2014.

[10] 八八众筹. 风口：把握产业互联网带来的创业转型新机遇［M］. 北京：机械工业出版社，2015.

[11] 张波. O2O移动互联网时代的商业革命［M］. 北京：机械工业出版社，2014.

[12] 王吉斌，彭盾. 互联网+：传统企业的自我颠覆、组织重构、管理进化与互联网转型［M］. 北京：机械工业出版社，2015.